LA VIDA
VENCEDORA

LA VIDA VENCEDORA

"Mas sed hacedores de la Palabra, y no tan solamente oidores, Engañándoos a vosotros mismos." – Santiago 1:22

D. L. Moody

ANEKO PRESS

Nos agrada escuchar de nuestros lectores. Por favor contáctenos en www.anekopress.com/questions-comments con cualquier pregunta, comentario o sugerencia.

The Overcoming Life – Dwight L. Moody

En Español: *La Vida Vencedora*

Edición Actualizada Copyright © 2016

Primera edición publicada en 1896 por Fleming H. Revell. Company.

Traducción: Claudia Barraza

www.anekopress.com

Aneko Press, Life Sentence Publishing, and our logos are trademarks of Life Sentence Publishing, Inc.

Aneko Press
203 E. Birch Street
P.O. Box 652
Abbotsford, WI 54405

RELIGION / Christian Life / Spiritual Growth

Paperback ISBN: 978-1-62245-855-4

eBook ISBN: 978-1-62245-856-1

10 9 8 7 6 5 4 3 2 1

Contents

"Porque todo aquel que es nacido de Dios, vence al mundo; y esta es la victoria que vence al mundo, es saber nuestra fe."

– 1 Juan 5:4

PARTE I

La Batalla del Cristiano

*"Porque todo lo que es nacido de Dios
vence al mundo; y esta es la victoria que ha
vencido al mundo: nuestra fe. ¿Y quién es
el que vence al mundo, sino el que cree que
Jesús es el Hijo de Dios?"* (1 Juan 5:4-5)

Cuando se pelea una batalla, nos sentimos ansiosos por saber quiénes son los vencedores. En los versículos anteriores se nos dice quiénes ganarán la victoria en la vida. Cometí un error cuando me convertí, pensé que la batalla era mía, que ya había ganado la victoria y que la corona ya estaba en mis manos. Pensé que las cosas viejas ya habían pasado y que todo ya era nuevo, incorrectamente creí que mi naturaleza vieja y corrupta, la vida de Adán, había desaparecido. Sin embargo, después de servir a Cristo durante unos pocos meses, descubrí que la conversión era solamente como enlistarme en el ejército, la batalla ya se estaba peleando y si yo iba a recibir una corona, tenía que trabajar y pelear por ella. La salvación es un regalo, tan gratis como el aire que respiramos, la recibimos de la misma forma como recibimos cualquier otro regalo, sin dinero y sin precio, no hay otras condiciones: *"mas al que no trabaja, pero cree en aquel que justifica al impío, su fe se le cuenta por justicia"* (Romanos 4:5). Pero por otro lado, si vamos a obtener una corona tenemos que esforzarnos para recibirla: *"Pues nadie puede poner otro fundamento*

Enlistarnos es una cosa y participar en la batalla es otra completamente diferente.

que el que ya está puesto, el cual es Jesucristo. Ahora bien, si sobre este fundamento alguno edifica con oro, plata, piedras preciosas, madera, heno, paja, la obra de cada uno se hará evidente; porque el día la dará a conocer, pues con fuego será revelada; el fuego mismo probará la calidad de la obra de cada uno. Si permanece la obra de alguno que ha edificado sobre el fundamento, recibirá recompensa. Si la obra de alguno es consumida por el fuego, sufrirá pérdida; sin embargo, él será salvo, aunque así como por fuego" (1 Corintios 3:11-15).

Claramente vemos que es posible ser salvos y que todas nuestras obras acaben en cenizas. Es posible tener una travesía desdichada y miserable en la vida, sin victoria y sin recompensa al final. Soy salvo, pero como pasado por fuego o así como lo expresa Job, *con la piel de mis dientes* (Job 19:20). De la misma forma en que Lot escapó de Sodoma, así creo que muchos grandes hombres apenas llegarán al cielo, sin que les quede nada, sus obras y todo lo demás será destruido. Cuando un hombre se enlista en el ejército se convierte en miembro del ejército en el momento en que se enlista; no obstante, él es miembro del ejército al igual que un hombre que ha estado enlistado en el ejército por diez o veinte años. Pero enlistarse es una cosa y participar en una batalla es otra muy diferente. Los recién convertidos son como los que apenas se enlistaron en el ejército.

Es insensato que cualquier hombre intente pelear la batalla con sus propias fuerzas; el mundo, la carne y el Diablo son demasiado para cualquier hombre. Obtendremos la victoria sobre todo enemigo si estamos unidos con Cristo por fe y si Él constantemente se está formando en nosotros, así es como los creyentes son los vencedores. *"Pero gracias a Dios, que en Cristo siempre nos lleva en triunfo, y que por medio de nosotros manifiesta en todo lugar la fragancia de su conocimiento"* (2 Corintios 2:14). Por medio de Él seremos más que vencedores.

Nunca pasaría por mi mente hablarles a inconversos sobre vencer al mundo, porque es absolutamente imposible que ellos lo puedan hacer. Bien podrían tratar de talar el bosque norteamericano usando sus navajas de bolsillo. Desafortunadamente, muchos cristianos cometen el error de pensar que la batalla ya se peleó y se ganó, creen que lo único que tienen que hacer es poner los remos en el fondo del bote y dejarse llevar por la corriente al océano del amor eterno de Dios. Pero tenemos que atravesar la corriente. Tenemos que aprender a ser vigilantes, a pelear y a vencer. La batalla apenas está empezando, la vida cristiana es un conflicto y una guerra, cuanto más pronto comprendamos esta realidad, mejor. En este mundo no existe una bendición a la que Dios no esté ligado , Dios se asocia a Sí mismo con las bendiciones más grandes e importantes. Cuando Dios y el hombre trabajan juntos, hay victoria. Somos compañeros de trabajo con Dios. Si usted agarra un molino de agua y lo coloca cuarenta pies sobre un río, no habrá suficiente dinero en el mundo que lo haga funcionar, colóquelo cuarenta pies más abajo y funcionará. Tenemos que mantener presente que si hemos de vencer al mundo, tenemos que trabajar con Dios. Es Su poder el que hace posible el camino de la gracia.

Cuenta la historia que Frederick Douglass, el gran orador esclavo, una vez dijo en un discurso de lamento cuando las cosas se veían difíciles para su raza: "El hombre blanco está en contra de nosotros, los gobiernos están en contra de nosotros y el espíritu del tiempo está en contra de nosotros. No veo esperanza para la raza de color. Estoy colmado de tristeza."

Justo entonces, una mujer de color, pobre y anciana se levantó de en medio de la audiencia y dijo:

— Frederick, ¿Dios está muerto?

Amigo mío, cuando tomamos en cuenta a Dios hay una diferencia.

Con frecuencia, el nuevo converso se desanima y desalienta cuando se da cuenta de esta batalla. Empieza a pensar que Dios lo abandonó y que el cristianismo no es lo que dice ser. En lugar de eso, debería considerarlo como una señal de ánimo porque tan pronto como un alma escapa de su trampa el gran adversario toma medidas para atraparla de nuevo. Utiliza todo su poder para recapturar a su presa perdida. Los ataques más intensos se hacen a las fortalezas más fuertes. Las batallas más intensas que el recién convertido está llamado a librar son evidencia del trabajo del Espíritu Santo en su corazón. Dios no te abandonará en tu momento de necesidad, como no abandonó a su pueblo en la antigüedad cuando estuvieron en apuros a causa de sus enemigos.

El único vencedor completo

"Hijos míos, vosotros sois de Dios y los habéis vencido, porque mayor es el que está en vosotros que el que está en el mundo" (1 Juan 4:4). El único hombre que ha vencido a este mundo – como vencedor completo – es Jesucristo. Cuando gritó en la cruz ¡Consumado es!, fue el grito de un vencedor. Él venció a todo enemigo, conoció pecado y muerte, conoció cada enemigo que tú y yo podamos conocer y regresó como el vencedor. Si el Espíritu de Cristo está en mí, si tengo ese mismo tipo de vida en mí, entonces, poseo un poder más grande que cualquier poder en el mundo. Es con ese mismo poder que venzo al mundo.

Nota que todo lo humano en este mundo falla, todo hombre falla en el momento que quita su mirada de Dios. Todo hombre en algún momento en su vida ha sido un fracaso. Abraham falló, Moisés falló, Elías falló. Considera a los hombres que han sido tan famosos y que fueron tan poderosos. En el momento que quitaron su mirada de Dios se convirtieron en hombres débiles como cualquier otro hombre. Es algo muy extraño que todos esos hombres fallaran en el momento más fuerte de su carácter. Supongo que fue porque no estaban en guardia. Abraham se destacó por su fe, pero rió cuando Dios le dijo que él y Sara tendrían un hijo. Moisés se destacó por su mansedumbre y humildad, pero falló cuando se enojó. Dios no le permitió entrar a la Tierra Prometida porque perdió los estribos. Sé que a Moisés se le llama siervo de Dios, que fue un hombre poderoso y que tuvo poder con Dios, pero humanamente hablando, falló y no se le permitió entrar a la Tierra Prometida. Elías se destacó por su poder en oración y su coraje y sin embargo se acobardó. Era el hombre más audaz de su época. Enfrentó a Acab, a la corte real y a todos los profetas de Baal; sin embargo, cuando escuchó que Jezabel había amenazado su vida huyó al desierto y debajo de un enebro oró pidiendo morirse. Pedro se destacó por su audacia; sin embargo, una joven lo asustó terriblemente. Tan pronto como ella le habló, Pedro tembló y juró que no conocía a Cristo. Muchas veces me he dicho a mí mismo que me gustaría poder haber estado presente en el Día de Pentecostés al lado de esa joven cuando vio predicar a Pedro.

Supongo que ella dijo: "¿Qué le pasó a ese hombre? Hace unas semanas atrás me tuvo miedo, y ahora se pone de pie delante de toda Jerusalén y acusa a estos mismos judíos del asesinato de Jesús."

Triunfos de Fe

Ahora bien, ¿cómo obtenemos la victoria sobre nuestros enemigos? Vivimos por fe. *"Con Cristo he sido crucificado, y ya no soy yo el que vive, sino que Cristo vive en mí; y la vida que ahora vivo en la carne, la vivo por fe en el Hijo de Dios, el cual me amó y se entregó a sí mismo por mí"* (Gálatas 2:20). Recibimos esta vida por fe y nos vinculamos con Emanuel – Dios con nosotros. Si Dios está conmigo, voy a vencer. ¿Cómo obtenemos este poder potente? Por fe.

"…fueron desgajadas por su incredulidad, pero tú por la fe te mantienes firme…" (Romanos 11:20). A causa de su incredulidad, los judíos fueron recortados y nosotros fuimos injertados a causa de nuestra fe. Vivimos por fe y nos mantenemos por fe.

Luego, caminamos por fe: *"porque por fe andamos, no por vista"* (2 Corintios 5:7). Los cristianos más inmaduros que conozco son los que quieren caminar por vista, que quieren ver cómo algo va a suceder. Eso no es caminar por fe en lo absoluto, eso es caminar por vista.

> Los cristianos más inmaduros que conozco son aquellos que caminan por vista.

Pienso que las personas cuyas vidas representan esta diferencia de mejor forma son José y Jacob. Jacob fue un hombre que caminó con Dios por vista. Recuerda el voto que hizo en Betel: *"…Si Dios está conmigo y me guarda en este camino en que voy, y me da alimento para comer y ropa para vestir, y vuelvo sano y salvo a casa de mi padre, entonces el Señor será mi Dios"*

(Génesis 28:20-21). ¿Recuerdas cómo revivió su corazón cuando vio los carros que José le envió de Egipto? Él buscó señales, y nunca hubiera podido pasar las tentaciones y los juicios que su hijo José experimentó. José representa a un cristiano más maduro, él pudo caminar en la oscuridad. A pesar de sus sueños sobrevivió trece años de desgracia y al final le dio el crédito de todo a la bondad y providencia de Dios.

Lot y Abraham también son una buena ilustración. Lot se apartó de Abraham y acampó en las llanuras de Sodoma, y reclamó una extensión buena de pastos, pero tuvo vecinos malos. Lot tenía un carácter débil y para fortalecerse tenía que haberse quedado con Abraham. Muchos hombres son así. Están bien mientras sus madres viven o están apuntalados por otras personas piadosas; pero no pueden mantenerse solos. Lot caminó por vista, pero Abraham caminó por fe y caminó en los pasos ordenados por Dios. *"Por la fe Abraham, al ser llamado, obedeció, saliendo para un lugar que había de recibir como herencia; y salió sin saber adónde iba. Por la fe habitó como extranjero en la tierra de la promesa como en tierra extraña, viviendo en tiendas como Isaac y Jacob, coherederos de la misma promesa, porque esperaba la ciudad que tiene cimientos, cuyo arquitecto y constructor es Dios"* (Hebreos 11:8-10).

Finalmente, peleamos por fe: *"en todo, tomando el escudo de la fe con el que podréis apagar todos los dardos encendidos del maligno"* (Efesios 6:16). Cada dardo que Satanás nos dispara puede apagarse por fe. Por fe podemos vencer al maligno. Temer es tener más fe en el adversario que en Cristo.

En los primeros días de la Guerra Civil, el Secretario Seward, Secretario de Estado en la presidencia de Lincoln y político perspicaz, profetizó que la guerra duraría noventa días. Miles y cientos de miles de jóvenes se presentaron y se ofrecieron como voluntarios para ir a Dixie y vencer al sur, pensando que iban a regresar en noventa días. La guerra duró cuatro años y tuvo un costo de casi medio millón de vidas. ¿Cuál fue el problema? El sur era mucho más fuerte de lo que el norte pensó. Subestimaron su fuerza.

Jesucristo no comete un error de ese tipo. Cuando Él enlista a un hombre en Su servicio, le muestra el lado oscuro, le hace saber que debe vivir una vida de abnegación. Si un hombre no está dispuesto a ir al cielo por el camino del Calvario, no puede ir en lo absoluto. Muchos hombres quieren una religión en la que no haya cruz, pero no pueden entrar al cielo de esa forma. Si vamos a ser discípulos de Jesucristo debemos negarnos a nosotros mismos, tomar nuestra cruz y seguirlo. Así que sentémonos y evaluemos el costo. No creas que no tendrás batallas si sigues al nazareno porque hay muchas batallas delante de ti. Aun así, si tuviera diez mil vidas Jesucristo tendría cada una de ellas. Los hombres no se oponen a una batalla si están seguros de que obtendrán la victoria. Alabado sea Dios, la victoria es posible para todos nosotros.

La razón por la que muchos cristianos fracasan en la vida es porque subestiman la fuerza del enemigo. Tenemos un enemigo terrible con quien lidiar, no permitas que Satanás te engañe. A menos que estés muerto espiritualmente, significa la guerra. Prácticamente todo a nuestro alrededor tiende a alejarnos de Dios. No damos un paso directo de Egipto al trono de Dios: hay un viaje por el desierto y hay enemigos en la tierra.

No dejes que ningún hombre o mujer piensen que lo único que tienen que hacer es formar parte de una iglesia. Eso no te salvará. La pregunta es: ¿Estás venciendo al mundo, o el mundo te está venciendo? ¿Tienes más paciencia de la que tenías hace cinco años? ¿Eres más afable? Si no lo eres, el mundo te está venciendo, aún si eres miembro de una iglesia.

> **La pregunta es: ¿Estás venciendo al mundo o el mundo te está venciendo?**

La epístola que Pablo le escribió a Tito dice que debemos ser sanos en la fe, en la caridad y en la tolerancia. Tenemos cristianos, muchos de ellos, que caminan en forma victoriosa en algunas áreas, pero en otras son inmaduros. Por las apariencias externas, solamente una parte de ellos parece ser salva. No tienen un carácter formado por completo y eso es solo porque no se les ha enseñado que tienen un enemigo terrible que vencer.

Si quisiera saber si un hombre es cristiano, no le preguntaría a su ministro. Le preguntaría a su esposa. Necesitamos más vida cristiana en nuestros hogares: si un hombre no trata a su esposa en la forma correcta, no quiero escucharlo hablar sobre cristiandad. ¿Qué beneficio tiene que hable de salvación para la vida eterna, cuando no es salvo en la vida presente? Queremos una cristiandad que esté presente en nuestros hogares y en nuestro diario vivir. La religión de algunos hombres me resulta sencillamente repelente: hablan con voz quejumbrosa, un tipo de tono religioso, y hablan con tanta santurronería el domingo que pensarías que son unos santos maravillosos. Luego, el lunes se comportan completamente diferente. Ponen su religión a un lado con su ropa y no ves más nada de eso hasta el próximo domingo. Te podrás reír, pero seamos cuidadosos de no formar parte de ese grupo. Debemos tener una cristiandad más madura o la iglesia desaparecerá. Es completamente erróneo que un hombre o una mujer profesen algo que no poseen. Si no vences a las tentaciones, el mundo te está venciendo. Ponte de rodillas y pide a Dios que te ayude. Acerquémonos a Dios y pidámosle que nos escudriñe, que nos despierte y que no pensemos que porque somos miembros de una iglesia eso quiere decir que estamos bien. Estamos completamente mal si no experimentamos victoria sobre el pecado.

PARTE II

Enemigos Internos

Ahora bien, si vamos a vencer debemos empezar a hacerlo en el interior. Dios siempre empieza allí. Un enemigo dentro de la fortaleza es mucho más peligroso que uno afuera.

La Escritura nos enseña que en cada creyente existen dos naturalezas luchando, una en contra de la otra. *Porque sabemos que la ley es espiritual, pero yo soy carnal, vendido a la esclavitud del pecado. Porque lo que hago, no lo entiendo; porque no practico lo que quiero hacer, sino que lo que aborrezco, eso hago. Y si lo que no quiero hacer, eso hago, estoy de acuerdo con la ley, reconociendo que es buena. Así que ya no soy yo el que lo hace, sino el pecado que habita en mí. Porque yo sé que en mí, es decir, en mi carne, no habita nada bueno; porque el querer está presente en mí, pero el hacer el bien, no. Pues no hago el bien que deseo, sino que el mal que no quiero, eso practico. Y si lo que no quiero hacer, eso hago, ya no soy yo el que lo hace, sino el pecado que habita en mí. Así que, queriendo yo hacer el bien, hallo la ley de que el mal está presente en mí. Porque en el hombre interior me deleito con la ley de Dios, pero veo otra ley en los miembros de mi cuerpo que hace guerra contra la ley de mi mente, y me hace prisionero de la ley del pecado que está en mis miembros"* (Romanos 7:14-23). Una vez más, en la Epístola a los Gálatas nos dice: *"Porque el deseo de la carne es contra el Espíritu, y el del Espíritu es contra la carne, pues estos se oponen el uno al otro, de manera que no podéis hacer lo que deseáis"* (Gálatas 5:17).

Cuando nacemos de Dios, obtenemos Su naturaleza; pero Él no nos quita la vieja naturaleza inmediatamente. Cada especie de animal o de ave es fiel a su naturaleza. Tú puedes reconocer la naturaleza de una paloma o de un canario, el caballo es fiel a su naturaleza y una vaca es fiel a la suya. Pero el hombre tiene dos naturalezas. No permitas que el mundo o Satanás te hagan pensar que la naturaleza vieja esta extinta porque no es cierto. *"Así también vosotros, consideraos muertos para el pecado, pero vivos para Dios en Cristo Jesús"* (Romanos 6:11). Si estuvieras muerto, no necesitarías considerarte muerto, ¿verdad? Lo muerto ya no cabe en la consideración. Pablo afirma en 1 Corintios 9:27 *"sujeto mi cuerpo".* Pablo no hubiera tenido la necesidad de sujetar su cuerpo si su naturaleza vieja hubiera estado muerta. Por la ley estoy muerto pero la naturaleza vieja está viva. Por lo tanto, si no sujeto mi cuerpo y crucifico la carne con sus inclinaciones, esta naturaleza vil ganará ventaja y me esclavizará. Muchos hombres viven sus vidas en esclavitud a la naturaleza vieja, cuando pudieran tener libertad si solamente vivieran la vida vencedora. El Adán viejo nunca muere, permanece corrupto. *"De la planta del pie a la cabeza no hay en él nada sano, sino golpes, verdugones y heridas recientes; no han sido curadas, ni vendadas, ni suavizadas con aceite"* (Isaías 1:6).

Un caballero que estaba en India compró un cachorro de tigre y lo amansó para convertirlo en su mascota. Un día, cuando el cachorro había crecido, conoció el sabor de la sangre. La naturaleza vieja del tigre salió a la luz y lo tuvieron que matar. Lo mismo sucede con la naturaleza vieja en el creyente. Aunque se subyuga, nunca muere.

> El centro del pecado es el "Yo".

A menos que estemos vigilantes y en oración, la naturaleza vieja ganará la partida y nos apresurará a pecar. Una vez alguien enfatizó que el centro del pecado es el "Yo". Es el instrumento por medio del cual actúa Satanás. Después de todo, el peor enemigo que tenemos que vencer es a nosotros mismos.

Cuando el Capitán T. se convirtió en creyente en Londres, era un hombre reconocido en la sociedad. Después de haber sido cristiano por algunos meses, le preguntaron:

—¿Cuál has descubierto que es tu mayor enemigo desde que te convertiste en cristiano?

Después de pensarlo detenidamente durante unos cuantos minutos, dijo:

— Pues bien, pienso que soy yo mismo.

— ¡Ah! — dijo la dama, — El Rey te ha llevado a

Su presencia, porque es solamente en Su presencia que aprendemos estas verdades.

He tenido más problemas con D. L. Moody que con cualquier otro hombre que se haya cruzado en mi camino. Si puedo mantenerme en línea no tengo problemas con otras personas. Muchas personas tienen problemas con los empleados. ¿Has pensado alguna vez que el problema eres tú, en lugar de tus empleados? O, si un miembro de la familia está constantemente contestando mal, hará que toda la familia actúe de la misma forma. Lo creas o no, es cierto. Si les hablas enérgicamente y de mal modo a las personas, ellas harán lo mismo contigo.

El deseo

Ahora hablemos del *deseo*. Ese es un enemigo interior. Cuantos jóvenes se arruinan por el deseo de beber alcohol. Muchos llegan a ser una maldición para sus padres en lugar de ser una bendición. Hace no mucho tiempo, descubrieron el cuerpo de un joven suicida en una de nuestras ciudades grandes, y en uno de sus bolsillos encontraron un papel en donde él había escrito: "Yo mismo hice esto, no le digan a nadie, es por beber." El indicio de estos hechos en la prensa atrajo 246 cartas de 246 familias, cada una de ellas con un hijo pródigo quien, temían, pudiera ser el suicida.

El alcoholismo es un enemigo para el cuerpo y el alma a la vez. Se sabe que Sir Andrew Clarke, el médico reconocido de Londres, declaró en una ocasión: "Ahora permítanme decirles hablando solemne y cuidadosamente que considero estar en lo cierto al decir que hoy día en mis rondas en las salas de hospital, siete de cada diez de los que yacen en sus camas deben su mala salud al alcohol. No digo que setenta de cada cien sean borrachos; no sé si alguno de ellos lo es, pero consumen alcohol. Tan pronto un hombre comienza a tomar una gota, el deseo engendrado en él se convierte en parte de su naturaleza, y esa naturaleza formada por sus actos, inflige maldiciones inexpresables cuando se transmite a las generaciones que aspiran seguirlo como parte integrante de su ser. Cuando pienso en esto, estoy dispuesto a dejar mi profesión, a renunciar a todo, y emprender una cruzada santa para predicar a todos los hombres: '¡Cuídense de este enemigo de la raza!'".

Es la fuerza más destructiva en el mundo hoy día. Mata a más gente que una guerra sanguinaria. Es el padre fructífero del crimen, de la despreocupación, de la pobreza y la enfermedad. Arruina al hombre para este mundo y lo condena para el próximo. La Palabra de Dios lo declara en 1 Corintios 6:9-10: "*¿O no sabéis que los injustos no heredarán el reino de Dios? No os dejéis engañar: ni los inmorales, ni los idólatras, ni los adúlteros, ni los afeminados, ni los homosexuales, ni los ladrones, ni los avaros, ni los borrachos, ni los difamadores, ni los estafadores heredarán el reino de Dios*"

¿Cómo podemos vencer a este enemigo? La experiencia amarga demuestra que el hombre no es lo suficientemente poderoso en su propia fuerza. La única cura para el deseo maldito es la regeneración – una vida nueva – el poder del Cristo resucitado en nosotros. Permite que un hombre que tiene tendencia al alcoholismo busque a Dios por ayuda y Él le dará la victoria sobre su deseo. Jesucristo vino para destruir las obras del diablo, y Él quitará ese deseo si se Lo permites.

El temperamento

Ahora veamos al *temperamento*. No daría mucho por una persona que no tenga su temperamento. El acero no sirve para nada si no se templa. Pero cuando el temperamento se apodera de mí, soy su esclavo y se convierte en una fuente de debilidad. El temperamento puede ser un poder grande para el bien a lo largo de mi vida y puede ayudarme; o, puede convertirse en mí enemigo interno más grande y robarme poder. La corriente en algunos ríos es tan fuerte que los hace no aptos para la navegación.

Alguien dijo que un predicador nunca fallará en hacer llegar su mensaje a las personas cuando habla de temperamento. Es sorprendente que muchos que dicen ser cristianos tienen poco dominio sobre el temperamento. Un amigo mío en Inglaterra visitó cierta casa y mientras estaba sentado en el salón, oyó un ruido en la sala. Preguntó qué era el ruido y le dijeron que era el doctor que había tirado sus botas por las escaleras porque no estaban bien lustradas. Un pastor dijo: "Muchos cristianos que han soportado con la más heroica fortaleza cristiana la pérdida de un hijo o de todos sus bienes son vencidos por completo cuando se quiebra un plato, o por la torpeza de un sirviente."

Algunos me han preguntado: "Señor Moody, ¿cómo puedo controlar mi temperamento?"

Si en realidad quieres controlarlo, te diré cómo hacerlo, pero no te va a gustar la medicina: trátalo como un pecado y confiésalo. Las personas lo ven como una fuente de aflicción, y una dama hasta me dijo que ella lo había heredado de sus padres. Supongo que así fue, pero aun así no es una excusa.

La próxima vez que te des cuenta de que te enojaste con una persona y le hablaste cruelmente, ve y pídele perdón. No te enojarás con esa persona durante las próximas veinticuatro horas. Probablemente te enojarás en cuarenta y ocho horas, pero ve y pide perdón una segunda vez. Después de que lo hayas hecho tal vez unas seis veces, tu comportamiento cambiará porque el pedir disculpas quema nuestra carne vieja.

Una vez una dama me dijo:

— Tengo el hábito de exagerar y mis amigos me acusan de exagerar tanto que ya no me creen.

Me dijo:

— ¿Puede ayudarme? ¿Qué puedo hacer para superarlo?

— Pues bien, — le dije, — la próxima vez que usted se dé cuenta de que está mintiendo, inmediatamente vaya a la persona y dígale que mintió, pídale disculpas, diga que es una mentira, elimínelo de raíz. Eso es lo que tiene que hacer.

Ella dijo:

— Oh, yo no lo llamaría *mentir*.

Pero eso es lo que era.

El cristianismo no vale ni un chasquido de tus dedos si no endereza tu carácter. Estoy cansado de palabrerías y sentimientos. Si las personas no pueden distinguir cuándo dices la verdad, algo está radicalmente mal y es mejor que lo aclares de inmediato. Ahora bien, ¿estás dispuesto a *hacerlo*? Debes llegar al punto de ocuparte de eso, no importa si quieres hacerlo o no. ¿Sabes de alguien a quien ofendiste por algo que hiciste? Búscalo y pídele disculpas. Tú dices que no tienes la culpa. No importa, búscalos y pídeles disculpas. Yo lo he hecho muchas veces; un hombre tan impulsivo como yo tiene que hacerlo con frecuencia, pero duermo apaciblemente cuando aclaro las cosas. Confesar siempre conlleva bendición. Algunas veces he tenido que bajarme de la tarima para pedirle perdón a un hombre antes de seguir predicando. Un hombre cristiano tiene que ser siempre un caballero. Si no lo es, y se entera de que lastimó o hirió a alguien, tiene que buscar a esa persona y aclararlo de inmediato. Existen personas que quieren solo el cristianismo suficiente como para sentirse respetables. No piensan en la vida vencedora que los lleva en victoria todo el tiempo. Tienen días tristes y días enojados, y los niños dicen: "Hoy mi mamá esta de mal humor, debes tener cuidado."

> **Confesar siempre conlleva bendición.**

No queremos ninguno de esos días delicados y tristes con sus altibajos. Si estamos venciendo, otros tendrán confianza en nuestro cristianismo. La razón por la que muchos hombres no tienen poder es porque hay un pecado maldito encubierto. No habrá una gota de rocío hasta que ese pecado salga a la luz. Escudríñate. Si todo está bien en el interior podemos salir como gigantes y conquistar el mundo.

Pablo dice que tenemos que ser sanos en la fe, en la paciencia y en el amor. Si un hombre no es sano en su fe, el clero toma la espada eclesiástica y lo corta de inmediato. Sin embargo, si él no es sano en el amor o en la paciencia, no se dice nada al respecto. Si es que queremos serle fieles a Dios, debemos ser sanos en la fe, en el amor y en la paciencia.

Es un deleite encontrar a un hombre que puede controlar su temperamento. Se dice de Wilberforce que una vez un amigo lo encontró con una agitación muy grande: estaba buscando un mensaje que había perdido y que la familia real estaba esperando, y justo entonces, para hacer las cosas más difíciles, se escuchó un alboroto en la guardería.

El amigo pensó: "Ahora con seguridad perderá el control de su temperamento."

Apenas había pasado el pensamiento por su mente cuando Wilberforce se volteó y le dijo: "Qué bendición es escuchar a esos niños queridos. Solamente piensa qué alivio, entre otras prisas, es oír sus voces y saber que están bien."

La codicia

Toma en consideración el pecado de la *codicia*. En la Biblia se dice más en contra de este pecado que en contra de la embriaguez. Debo sacarlo de mí – destruirlo de raíz – y no permitirle que me domine. Pensamos que un hombre que se embriaga es un monstruo horrible, pero con frecuencia la iglesia aceptará a un hombre codicioso y lo pondrá en posición de liderazgo, un hombre que a los ojos de Dios es tan vil y oscuro como cualquier borracho.

Lo más peligroso de este pecado es que en general no se considera como horriblemente vil. Por supuesto, todos despreciamos a quienes atesoran su riqueza, pero no todos los hombres codiciosos son avaros. Otra cosa para tomar en cuenta sobre la codicia es que los ancianos son más propensos a ella que los jóvenes.

Veamos lo que la Biblia dice sobre la codicia:

> *"Por tanto, considerad los miembros de vuestro cuerpo terrenal como muertos a la fornicación, la impureza, las pasiones, los malos deseos y la avaricia, que es idolatría"* (Colosenses 3:5).

> *"Porque con certeza sabéis esto: que ningún inmoral, impuro, o avaro, que es idólatra, tiene herencia en el reino de Cristo y de Dios"* (Efesios 5:5).

> *"Pero los que quieren enriquecerse caen en tentación y lazo y en muchos deseos necios y dañosos que hunden a los hombres en la ruina y en la perdición. Porque la raíz de todos los males es el amor al dinero, por el cual, codiciándolo algunos, se extraviaron de la fe y se torturaron con muchos dolores"* (1 Timoteo 6:9-10).

> *"Porque del deseo de su corazón se jacta el*

impío, y el codicioso maldice y desprecia al
Señor" (Salmos 10:3).

La codicia sedujo a Lot a Sodoma, causó la destrucción
de Acán y de toda su casa, fue la iniquidad de Balaam,
fue el pecado de los hijos de Samuel, dejó a Giezi leproso,
dejó al joven rico afligido, hizo que Judas vendiera a
su Maestro y Señor por treinta piezas de plata, causó
la muerte de Ananías y de Safira, fue la mancha en el
carácter de Félix. Qué víctimas ha tenido en todas las
épocas.

Te preguntas: "¿Cómo voy a controlar la codicia?"

Pues bien, no creo que haya ninguna dificultad al
respecto Si te das cuenta de que
te estás convirtiendo en codicioso, muy egoísta, queriendo
tenerlo todo en tu poder – solamente empieza a repartir. Dile a
la codicia que la estrangularás y
que la eliminarás de tu propia naturaleza.

> **Dile a la codicia que la estrangularás y que la eliminarás de tu propia naturaleza.**

Un granjero acaudalado en Nueva York, conocido
por acumular su riqueza y ser un hombre muy egoísta,
se convirtió. Poco después de su conversión un hombre pobre lo buscó y le pidió ayuda. Este hombre lo
había perdido todo y no tenía provisiones. El recién
convertido pensó en ser generoso y en darle un jamón
de su ahumadero. Se dirigió hacia el ahumadero, y
en el camino su temperamento le dijo: "Dale el más
pequeño que tengas".

Luchó todo el camino hacia el ahumadero para
decidir si le daría uno grande o uno pequeño, para

vencer su egoísmo agarró el jamón más grande que tenía y se lo dio al hombre.

El temperamento dijo:

— Eres un tonto.

Pero el hombre contestó:

— Si no te callas, le voy a dar todos los jamones que tengo en el ahumadero.

Si te das cuenta de que eres egoísta, regala algo. Determina que vas a vencer al espíritu del egoísmo y mantener tu cuerpo bajo control, no importa lo que cueste.

Henry Durant me dijo que Goodyear lo había contratado para defender la patente del caucho. Si ganaba iba a recibir la mitad del dinero que proviniera de la patente. Un día despertó y cayó en la cuenta de que era un hombre rico. Dijo que ahí peleó la lucha más grande de su vida: si iba a permitir que el dinero fuera su amo, o si él iba a ser el amo de su dinero. Tuvo que decidir si iba a ser esclavo del dinero o hacer del dinero un esclavo. Al final él obtuvo la victoria y es así como se construyó la Universidad Wellesley.

¿Eres celoso o envidioso?

Ve y haz algo bueno por la persona de quien sientes celos. Así es como se curan los celos, los matarás. Los celos son un demonio y un monstruo horrible. Los poetas imaginaban a la envidia pálida y delgada, morando en una cueva oscura, escondida en una esquina, nunca regocijándose excepto en la desgracia de otros e hiriéndose a sí misma continuamente.

Hay una fábula de un águila que volaba más alto que otra, y a la otra no le gustaba eso. Un día esta última águila vio a un deportista y le dijo: "Quisiera que pudieras derribar a esa águila."

El deportista le dijo que lo haría si tan solo tuviera algunas plumas para su flecha, entonces, el águila se arrancó una pluma de su ala. El deportista tiró la flecha, pero no alcanzó al águila rival porque estaba volando muy alto. El águila envidiosa se arrancó más plumas y siguió haciéndolo hasta que perdió tantas plumas que no podía volar. Entonces el deportista se dio la vuelta y la mató. Si eres celoso, la única persona a la que puedes lastimar es a ti mismo.

Había dos hombres de negocios con una rivalidad entre ellos de mucho tiempo que incluía muchos sentimientos amargos. Un día uno de ellos se convirtió.

Fue con su ministro y le dijo:

— Todavía siento celos de ese hombre y no sé cómo superarlo.

El ministro le contestó:

— Pues bien, si una persona llega a tu tienda a comprar artículos y no puedes abastecerla, simplemente dile que vaya con tu vecino.

— No me gustaría hacer eso.

El ministro le dijo:

— Hazlo y matarás los celos.

Él dijo que lo haría.

Cuando un cliente llegó a su tienda buscando artículos que él no tenía, le dijo que fuera a la tienda de su vecino cruzando la calle. Después de un tiempo, el otro hombre empezó a enviar a sus clientes a la tienda de este hombre y la brecha se sanó.

El orgullo

Luego tenemos el *orgullo*. Este es otro de esos pecados que la Biblia condena fuertemente, pero que el mundo muy rara vez reconoce como pecado en lo absoluto.

> *"Ojos altivos y corazón arrogante, lámpara de los impíos; eso es pecado"* (Proverbios 21:4)

> *"Abominación al Señor es todo el que es altivo de corazón; ciertamente no quedará sin castigo"* (Proverbios 16:5)

Cristo incluyó el orgullo entre las cosas malas que provienen del corazón del hombre y que lo corrompen. La gente tiene la idea de que solamente los ricos son orgullosos, pero ve a los callejones y te darás cuenta de que algunas de las personas más pobres son tan orgullosas como los más ricos. Veras, es el corazón, las personas que no tienen dinero son tan orgullosas como las que lo tienen. Tenemos que aplastarlo, es un enemigo. No hay necesidad de tener orgullo de tu rostro, porque no hay ni uno que sobreviva diez días en la tumba. No hay nada de qué enorgullecerse, ¿verdad? Pidámosle a Dios que nos libere del orgullo.

Las personas que no tienen dinero son tan orgullosas como las que lo tienen.

Pero, no puedes simplemente cruzarte de brazos y decir: "Señor, sácalo de mí". Debes trabajar con Dios.

Vence tu orgullo cultivando la humildad. Pablo nos exhorta: *"revestíos de tierna compasión, bondad, humildad, mansedumbre y paciencia"* (Colosenses 3:12). Pedro nos recuerda: *"revestíos de humildad en vuestro trato mutuo, porque Dios resiste a los soberbios, pero da gracia a los humildes"* (1 Pedro 5:5). Y en el Sermón del Monte Jesús enseña: *"Bienaventurados los pobres en espíritu"* (Mateo 5:3).

PARTE III

Enemigos externos

¿Cuáles son nuestros enemigos externos? ¿Qué dice Santiago al respecto? *"¡Oh almas adúlteras! ¿No sabéis que la amistad del mundo es enemistad hacia Dios? Por tanto, el que quiere ser amigo del mundo, se constituye enemigo de Dios"* (Santiago 4:4). ¿Y Juan? *"No améis al mundo ni las cosas que están en el mundo. Si alguno ama al mundo, el amor del Padre no está en él"* (1 Juan 2:15).

Hay quienes quieren saber a qué te refieres cuando dices "el mundo".

Encontramos la respuesta en el siguiente versículo: *"Porque todo lo que hay en el mundo, la pasión de la carne, la pasión de los ojos y la arrogancia de la vida, no proviene del Padre, sino del mundo. Y el mundo pasa, y también sus pasiones, pero el que hace la voluntad de Dios permanece para siempre"* (1 Juan 2:16-17). "El mundo" no hace referencia a la naturaleza que nos rodea. En ningún lugar Dios nos dice que el mundo material es un enemigo que tenemos que vencer. Por el contrario, leemos: *"Del Señor es la tierra y todo lo que hay en ella; el mundo y los que en él habitan"* (Salmos 24:1). Y *"los cielos proclaman la gloria de Dios, y la expansión anuncia la obra de sus manos"*(Salmos 19:1).

Canon Liddon enseñó que "la vida humana y la sociedad están apartadas de Dios, por estar enfocados en la búsqueda de cosas materiales y posesiones; y por esa razón se oponen al Espíritu de Dios y a Su reino." Cristo dijo: *"Si el mundo os odia, sabéis que me ha odiado a mí antes que a vosotros. Si fuerais del mundo, el mundo amaría lo suyo; pero como no sois del mundo, sino que yo os escogí de entre el mundo, por eso el mundo os odia"* (Juan 15:18-19). El significado de amar al mundo es tener falta de consideración por el futuro eterno a causa del amor a cosas pasajeras.

¿Cómo podemos vencer al mundo? No lo hacemos por medio de la educación o la experiencia; solamente lo podemos vencer por medio de la fe. *"Porque todo lo que es nacido de Dios vence al mundo; y esta es la victoria que ha vencido al mundo: nuestra fe. ¿Y quién es el que vence al mundo, sino el que cree que Jesús es el Hijo de Dios?* (1 Juan 5:4-5).

Hábitos y costumbres mundanas

Una de las cosas contra las que debemos pelear son *los hábitos y las costumbres mundanas*. A menudo debemos conducirnos en contra de las costumbres del mundo. Tengo gran respeto por el hombre que puede permanecer firme por lo que cree es correcto en contra de todo el mundo. Quien puede permanecer firme solo. Es un héroe.

Supongamos que es costumbre que los hombres jóvenes hagan ciertas cosas de las que no te gustaría que tu mamá se enterara, o cosas que tu mamá te enseñó que son malas. En ese sentido, tal vez tengas que permanecer firme a solas entre tus compañeros.

Ellos te dirán: "No puedes separarte de tu madre, ¿eh? ¿Atado a las cuerdas del delantal de tu madre?

Simplemente diles: "Sí, respeto a mi madre. Ella me enseñó lo que es correcto y es la mejor amiga que tengo. Creo que lo que ustedes están haciendo no está bien y voy a permanecer firme por hacer lo que es correcto." Si tienes que permanecer firme solo, *hazlo*. Enoc, José, Eliseo y Pablo lo hicieron. Dios ha guardado a hombres como ellos en todas las épocas.

Alguien dice: "Bebo socialmente, sé que es algo peligroso porque es muy probable que mi hijo haga lo mismo; pero puedo dejar de hacerlo cuando quiera. Tal vez mi hijo no tenga el mismo poder que yo y pueda ser demasiado para él, aun así esa es la costumbre en el círculo social que frecuento." Una vez llegué a un lugar de donde tuve que irme. Me invitaron a una casa, sirvieron la cena tarde y en la mesa había siete tipos de licor. Me avergüenza decir que eran cristianos. Un diácono instó a una joven a beber hasta que la avergonzó, me levanté de la mesa y me fui. Sentí que no era un lugar para mí. Ellos me consideraron muy grosero, era en contra de la costumbre protestar por algo tan infernal. Vayamos en contra de la costumbre cuando nos lleva por mal camino.

Hace algunos años, en una universidad del sur me dijeron que ningún hombre era considerado un caballero de primera clase si no bebía. Por supuesto, ahora no es así.

El placer

Otro enemigo es el *placer mundano*. Muchas personas simplemente están ahogadas en el placer, no tienen tiempo para meditar en lo absoluto. Muchos hombres son inútiles para la sociedad y para sus familias porque se entregaron al dios del placer. Dios desea que Sus hijos sean felices, pero en una forma que los ayude, no que les estorbe.

Una vez una dama se me acercó y me dijo:

— Señor Moody, me gustaría que me diga cómo puedo convertirme en cristiana.

Rodaban las lágrimas por sus mejillas.

— Pero no quiero ser una cristiana de su tipo.

— Pues bien, — le pregunté, — ¿tengo un tipo peculiar? ¿Cuál es el problema con mi cristianismo?

— Bueno, — dijo, — mi padre era doctor y tenía una práctica amplia. Él se cansaba tanto que nos llevaba al teatro. Éramos una familia grande e íbamos al teatro tres o cuatro veces a la semana. Supongo que pasábamos más tiempo en el teatro que en la iglesia. Ahora estoy casada con un abogado y tiene una práctica amplia, se cansa tanto que nos lleva al teatro.

Y añadió:

— Estoy más familiarizada con el teatro y con las

personas del teatro que con la iglesia y las personas de la iglesia, y no quiero renunciar al teatro.

— Pues bien,— le dije, —¿alguna vez me ha escuchado decir algo sobre los teatros? Ha habido reporteros de todos los periódicos todos los días, que imprimen mis sermones completos en uno de los periódicos. ¿Ha visto alguna vez algo en mis sermones en contra del teatro?

— No —, respondió.

— Bueno —, le dije, — durante varias semanas la he visto en la audiencia cada tarde, ¿me ha escuchado decir algo en contra de los teatros?

> Prefiero salir a la calle y comer tierra que hacer algunas de las cosas que hacía antes de convertirme en cristiano.

No, no lo había oído.

— Entonces,— le dije, — ¿por qué lo menciona?

— Porque supuse que usted no cree en los teatros.

— ¿Qué la hizo pensar eso?

Ella dijo:

— ¿Alguna vez usted va al teatro?

— No.

—¿Por qué no va?

— Porque tengo algo mejor, prefiero salir a la calle y comer tierra que hacer algunas de las cosas que hacía antes de convertirme en cristiano.

— No entiendo. —, dijo.

— Lo entenderá cuando Jesucristo tenga la posición de autoridad. Él no vino a la tierra para decirnos que no debemos ir aquí o allá. Él no nos dio un montón de reglas, pero estableció principios importantes. Él dice que si Lo ama se deleitará en agradarle.

En la medida en que continué predicándole, empezaron las lágrimas nuevamente.

Me dijo:

— Déjeme decirle, Sr. Moody, que el sermón de ayer en la tarde de Cristo que mora en mí me rompió el corazón. Admiró a Cristo y quiero ser cristiana, pero no quiero renunciar al teatro.

Le dije:

— Por favor no lo mencione más. Yo no quiero hablar de teatros, quiero hablarle de Cristo. Así que agarré mi Biblia y le leí sobre Cristo.

Pero, una vez más, ella dijo:

— Sr. Moody, ¿puedo ir al teatro si me convierto en cristiana?

— Sí,— le dije, — si usted es una cristiana sincera, puede ir al teatro tantas veces como quiera, y puede ir con Su bendición.

— Bien, — dijo, — me alegro de que usted no tiene la mente cerrada como algunos.

Se sintió bastante tranquila al pensar que podía ir al teatro y ser cristiana.

Pero le dije:

— Si puede ir al teatro para la gloria de Dios, continúe haciéndolo; pero, asegúrese que lo hace para la gloria de Dios. Si usted es cristiana, estará feliz de hacer todo lo que Le agrada a Él.

Verdaderamente pienso que ella se convirtió al cristianismo ese día. La carga se había ido y había gozo; sin embargo, cuando se iba, ella dijo:

— No voy a renunciar al teatro.

Unos cuantos días después, regresó y me dijo:

— Sr. Moody ahora entiendo todo lo relacionado al negocio del teatro. La otra noche fui, tuvimos una fiesta grande en nuestra casa y mi esposo quiso que fuéramos. Fuimos, pero cuando se levantó el telón todo parecía tan diferente. Le dije a mi esposo, "este no es un lugar para mí, es horrible, no me quedaré aquí, me voy a casa." Él dijo, "no te pongas en ridículo. Todos saben que te convertiste en una de las reuniones de Moody. Si te vas, todos se van a enterar de esto también, te lo ruego, no te pongas en ridículo levantándote y saliendo." Pero le dije: "he estado haciendo el ridículo de mí misma toda mi vida."

El teatro no había cambiado, pero ella tenía algo mejor. Ella iba a vencer al mundo. *"Porque los que viven conforme a la carne, ponen la mente en las cosas de la carne, pero los que viven conforme al Espíritu, en las cosas del Espíritu"* (Romanos 8:5). Cuando Cristo tiene el primer lugar en tu corazón, obtendrás la victoria. Solamente haz lo que sabes que Le agradará. La objeción más grande que tengo hacía estas cosas es que se les da demasiada importancia, y se convierten en un obstáculo para el crecimiento espiritual.

Los negocios

Pueda ser que tengamos que vencer en los *negocios*. Tal vez nos ocupemos de los negocios en la mañana, al mediodía y en la noche, y también los domingos. Cuando un hombre se conduce como Jehú[1] toda la

---

1   Y avisó el centinela, diciendo: Él llegó hasta ellos, y no regresó; y el *modo de* guiar es como el guiar de Jehú, hijo de Nimsi, porque guía alocadamente. (2 Reyes 9:20-LBLA)

semana, y como un caracol el domingo, ¿acaso no le pasa algo? Ahora bien, los negocios son algo legítimo y un hombre no es un ciudadano bueno si no sale y se gana el pan con el sudor de su frente. Debe ser un buen hombre de negocios y hacer el mejor trabajo posible. Al mismo tiempo, si pone todo su corazón en su negocio, lo convierte en un dios, y piensa más en el negocio que en cualquier otra cosa, el mundo habrá entrado en él. En el lugar que corresponde los negocios puede ser algo muy legítimo, como el fuego que en su lugar es uno de los mejores amigos del hombre; sin embargo, fuera de lugar es uno de los peores enemigos del hombre. Como el agua, sin ella no podemos vivir. Sin embargo, cuando no está en su lugar se convierte en un enemigo.

Así que mis amigos, esa es la pregunta que tenemos que resolver. Ahora, examínate a ti mismo. ¿Estás siendo victorioso? ¿Estás creciendo en tu carácter cristiano? ¿Estás obteniendo el dominio sobre el mundo y la carne?

Recuerda que cada tentación que superas te hace más fuerte para vencer otras, y cada tentación que te derrota te debilita. Puedes volverte cada vez más débil o cada vez más fuerte. El pecado le quita la fuerza a tu vitalidad, pero un carácter piadoso te hace más fuerte. Muchos hombres han sido vencidos por alguna cosa pequeña, recuerda lo que dice Cantares de Salomón: *"Cazadnos las zorras, las zorras pequeñas que arruinan las viñas, pues nuestras viñas están en flor."* (Cantares 2:15). Muchas personas piensan que cosas como enojarse, falsear y decir mentiras sin importancia son cosas pequeñas. Algunas veces eres capaz de mantenerte firme frente a una tentación grande, y antes de que te des cuenta caes cuando enfrentas una cosa pequeña. Muchos hombres son vencidos por una *persecución* pequeña.

La persecución

No creo que hoy día tengamos suficiente persecución. Algunas personas dicen que tenemos una persecución que es tan difícil de soportar como lo era en la Edad Media. De todas formas, pienso que sería algo bueno que tuviéramos un poco de persecución al estilo antiguo: sacaría a la luz a los personajes más fuertes y nos haría a todos más saludables.

He oído a hombres que se levantan en una reunión de oración, dicen que van a hacer algunos comentarios, y continúan hablando hasta que uno piensa

> Recuerda que cada tentación que superas te hace más fuerte para vencer otras.

que hablarán toda la semana. Si tuviéramos un poco de persecución, personas como ellos no hablarían tanto. Spurgeon solía decir que algunos cristianos serían muy buenos mártires, arderían muy bien porque están muy secos. Si hubiera unas cuantas hogueras para quemar a cristianos, pienso que eliminaría toda la religiosidad en algunos hombres. Admito que, para empezar, no tienen mucha tampoco. Si no están dispuestos a sufrir un poco de persecución a causa de Cristo, no son aptos para ser Sus discípulos. Se nos dice, *"Y en verdad, todos los que quieren vivir piadosamente en Cristo Jesús, serán perseguidos"* (2 Timoteo 3:12). Si el mundo no tiene nada que decir en contra de ti, Jesucristo no tendrá nada que decir a favor de ti.

Los triunfos más gloriosos de la Iglesia se dieron en tiempos de persecución. Después de la crucifixión, la iglesia primitiva fue perseguida durante casi trescientos años. Esos fueron años de crecimiento y de progreso; pero luego, como dijo Agustín[2], la cruz pasó del escenario de las ejecuciones públicas a la corona de los Césares y comenzó el movimiento de degradación. Cuando la Iglesia se unió con el Estado, experimentó un deterioro constante en espiritualidad y eficacia. Sin embargo, la oposición del Estado solamente sirvió para purificarla de toda impureza. Fue la persecución la que le dio a Escocia el presbiterianismo. Fue la persecución la que le dio a este país libertad civil y religiosa.

¿Cómo debemos de vencer en tiempos de persecución? Escucha las palabras de Cristo: *"Estas cosas os he hablado para que en mí tengáis paz. En el mundo tenéis tribulación; pero confiad, yo he vencido al mundo"* (Juan 16:33). Pablo pudo atestiguar que aunque fue perseguido, nunca fue abandonado. El Señor estuvo a su lado, lo fortaleció y lo libró de todas sus persecuciones y aflicciones.

Muchos se apartan de la vida cristiana porque se burlarán de ellos. Entonces, a veces sucede que cuando la persecución no derriba al hombre, la adulación sí lo hace. Con frecuencia las personas necias se acercan a un hombre después de que ha predicado y lo adulan. A veces son las mujeres quienes hacen eso. Quizás le dirán a un trabajador de la iglesia: "Usted habla mucho mejor que fulano de tal". Entonces él se siente orgulloso, y se conduce como si fuera la persona más importante de la

---

2   Agustín de Hipona: filósofo y teólogo cristiano, siglo IV.

ciudad. Te digo que tenemos un diablo astuto con quien lidiar. Si no puede vencerte con oposición, intentará hacerlo con los halagos o la ambición, y si no lo logra con eso tal vez vendrá alguna aflicción o decepción, y te derrotará de esa forma. Recuerda que cualquiera que tiene a Cristo para ayudarlo puede vencer a todos sus enemigos y vencerlos de forma individual o colectivamente. Déjalos que vengan, porque si tenemos a Cristo en nosotros, los derribaremos a todos. Recuerda lo que Cristo puede hacer. En todas las épocas hubo hombres que han enfrentado tentaciones mucho más grandes que las que tú y yo enfrentaremos.

> Cualquiera que tiene a Cristo para ayudarlo puede vencer a todos sus enemigos.

Hay algo más que considerar. Tengo que vencer al mundo, o de lo contrario el mundo me vencerá. Tengo que vencer el pecado en mí y sujetarlo debajo de mis pies, o de lo contrario me vencerá. Algunas personas se conforman con una o dos victorias y piensan que eso es suficiente. Tenemos que hacer mucho más que eso. Es una batalla de todo el tiempo. El saber que tenemos la victoria asegurada nos puede dar ánimo. Tenemos la promesa de un triunfo glorioso.

Al Que Vence

En el libro de Apocalipsis, el autor le da ocho promesas a todo aquel que vence en esta vida.

"...*Al vencedor le daré a comer del árbol de la vida, que está en el paraíso de Dios*" (Apocalipsis 2:7). Tendrá derecho al árbol de la vida. Cuando Adán falló, perdió ese derecho. Dios lo expulsó del Edén para que no pudiera comer del árbol de la vida y vivir para siempre. Tal vez, Dios agarró ese árbol y lo trasplantó en el jardín del cielo. A través del segundo Adán, se nos ofrece el derecho de comer de ese árbol.

"... *El vencedor no sufrirá daño de la muerte segunda*" (Apocalipsis 2:11). La muerte no tiene poder sobre él, no puede tocarlo. ¿Por qué? Porque Cristo experimentó la muerte, y a través de Su muerte obtuvo la victoria para todo hombre. La muerte puede tomar su cuerpo, pero eso es todo, el cuerpo es solamente la casa en donde vivimos. No deberíamos tener miedo a la muerte si vencemos. "*...Al vencedor le daré del maná escondido y le daré una piedrecita blanca, y grabado en la piedrecita un nombre nuevo, el cual nadie conoce sino aquel que lo recibe*" (Apocalipsis 2:17). Si venzo, Dios me alimentará con pan que el mundo no conoce, y Él me dará un nombre nuevo.

"*Y al vencedor, al que guarda mis obras hasta el fin, le daré autoridad sobre las naciones*" (Apocalipsis 2:26). Piénsalo. Qué promesa, poder sobre las naciones. Un hombre que es capaz de dominarse a sí mismo es el tipo de hombre a quien Dios le confía poder. Solamente un hombre que puede gobernarse a sí mismo es apto para gobernar a otros. Parece que aquí en la tierra estamos en entrenamiento, y Dios está solamente puliéndonos, preparándonos para un servicio más grande. Los detalles pueden no ser específicos, pero la Palabra de Dios nos dice que reinaremos con Él.

"*Así el vencedor será vestido de vestiduras blancas y*

no borraré su nombre del libro de la vida, y reconoceré su nombre delante de mi Padre y delante de sus ángeles" (Apocalipsis 3:5). Jesús nos presentará con vestiduras blancas, sin macha o arruga, al Padre. Cualquier falta o mancha será removida, seremos hechos perfectos. El que venza no será un extraño en el cielo. *"Al vencedor le haré una columna en el templo de mi Dios, y nunca más saldrá de allí; escribiré sobre él el nombre de mi Dios, y el nombre de la ciudad de mi Dios, la nueva Jerusalén, que desciende del cielo de mi Dios, y mi nombre nuevo"* (Apocalipsis 3:12). Imagina no más recaídas y no más vagar en las montañas oscuras del pecado. Estaremos con el Rey para siempre.

Él dice, *"escribiré sobre él el Nombre de mi Dios."*

Él va a poner Su nombre sobre nosotros. ¿No es eso grandioso? Es algo por lo que vale la pena luchar.

Se dice que cuando Mahoma vio Damasco y se enteró de que las personas habían abandonado la ciudad, dijo: "Si ellos no pelean por esta ciudad, ¿por qué pelearán?" Si los hombres no pelean aquí por toda esta recompensa, ¿por qué pelearán?

"Al vencedor, le concederé sentarse conmigo en mi trono, como yo también vencí y me senté con mi Padre en su trono" (Apocalipsis 3:21). Con frecuencia mi corazón se derrite cuando veo ese pasaje. El Señor de la gloria desciende y dice: "Si tan solo vences, te concederé que te sientes en Mi trono, así como yo me siento en el trono de Mi Padre". ¿Acaso no vale la pena luchar? Innumerables personas luchan por una corona que se desvanecerá. Sin embargo, nos pondrán por encima de los ángeles, arcángeles, serafines y querubines. Nos

darán un lugar en el trono y permaneceremos con Él por siempre. Que Dios ponga fuerza en cada uno de nosotros para pelear la batalla de la vida, para que podamos sentarnos con Él en Su trono. Cuando el Emperador Federico III de Alemania estaba en su lecho de muerte, no se le permitió a su propio hijo sentarse con él en el trono, ni el hijo tenía la autoridad de permitir que nadie se sentara allí con él. Sin embargo, se nos dice que somos coherederos con Jesucristo y que nos sentaremos con Él en gloria.

¿Acaso no vale la pena luchar?

Finalmente, *"El vencedor heredará estas cosas, y yo seré su Dios y él será mi hijo"* (Apocalipsis 21:7). Mis queridos amigos, ¿no es ese un gran llamado? Solía pedir a los niños de la escuela dominical que cantaran, *"Quiero ser un ángel"* pero no lo he hecho por años. Nosotros estaremos por encima de los ángeles, seremos hijos de Dios, heredaremos todas las cosas. ¿Te preguntas cuál es tu valor? No lo sé. Los Rothschild no pueden calcular su riqueza, ni siquiera saben cuántos millones poseen. Mi condición es la misma, no tengo la más mínima idea de cuánto valgo. Dios no tiene hijos pobres. Si vencemos, heredaremos todas las cosas. Qué herencia. Obtengamos la victoria a través de Jesucristo, nuestro Señor y Maestro.

Parte IV

El arrepentimiento

Resultados del arrepentimiento verdadero

Quiero llamar tu atención a lo que nos lleva el arrepentimiento verdadero. No me refiero solamente a los inconversos, porque creo que antes de que se logre mucho en el mundo la iglesia debe arrepentirse de muchas cosas. Creo firmemente que los estándares bajos de la vida cristiana mantienen a muchos esclavizados al mundo y atados a sus pecados. Cuando los impíos ven que las personas cristianas no se arrepienten, no es razonable esperar que ellos se arrepientan y se aparten de sus pecados. Desde que conocí a Cristo me he arrepentido miles de veces, más que nunca. Pienso que la mayoría de los cristianos tienen algunas cosas por las cuales arrepentirse.

Esta lección se aplica a los cristianos, a mí mismo y a todo aquel que nunca ha aceptado a Cristo como su Salvador.

Hay cinco cosas que fluyen del arrepentimiento verdadero:

1. Convicción.

2. Arrepentimiento.

3. Confesión del pecado.

4. Conversión.

5. Confesión de Jesucristo ante el mundo.

Convicción

Cuando un hombre no está profundamente convicto del pecado, es señal segura de que no se arrepintió verdaderamente. La experiencia me ha enseñado que cuando los hombres tienen muy poca convicción del pecado, tarde que temprano regresan a su vida antigua. Durante los últimos años he experimentado una carga que cada vez se hace más grande, por un crecimiento profundo y verdadero en los que dicen ser cristianos, más que por los números impresionantes. Si un hombre profesa ser converso sin darse cuenta de la enormidad de sus pecados, lo más probable es que sea uno de esos oyentes de terreno pedregoso que no llegan a nada (Mateo 13:5-6). La primera indicación de oposición, la primera ola de persecución o de ridículo los succionará de regreso al mundo.

Creo que estamos cometiendo un error grave al llevar a tantas personas a la iglesia que no están verdaderamente convencidas del pecado. Hoy día, el pecado es tan negro en los corazones de muchos hombres como siempre lo ha sido, y algunas veces pienso que es aún mucho más negro. A mayor entendimiento que tenga un hombre, más grande es su responsabilidad y, por lo tanto su necesidad de convicción profunda es mucho más grande.

Una vez William Dawson compartió esta historia para ilustrar cuán humilde tiene que ser el alma antes de que pueda encontrar paz.

En una reunión de avivamiento, un niño pequeño que estaba acostumbrado a las costumbres metodistas fue a casa con su madre y dijo:

— Madre, Juan Fulano de tal está bajo convicción y busca la paz, pero no la va a encontrar esta noche madre.

— ¿Por qué, William? —preguntó ella.

— Porque solo esta arrodillado con una rodilla, madre, y nunca tendrá paz hasta que se arrodille con las dos.

Hasta que la convicción de pecado haga que nos arrodillemos con las dos rodillas, hasta que nos humillemos por completo, hasta que no tengamos esperanza en nosotros mismos, no podremos encontrar al Salvador.

La conciencia, la Palabra de Dios y el Espíritu Santo guían a la persona a la convicción. Dios usa a los tres.

Mucho antes de que tuviéramos las Escrituras, Dios trató con el hombre por medio de la conciencia. Eso es lo que hizo que Adán y Eva se escondieran de la presencia del Señor Dios entre los árboles en el jardín del Edén. Es lo que persuadió a los hermanos de José cuando reconocieron su culpa, veinte años después de venderlo en esclavitud, *"Entonces se dijeron el uno al otro: Verdaderamente somos culpables en cuanto a nuestro hermano, porque vimos la angustia de su alma cuando nos rogaba, y no lo escuchamos, por eso ha venido sobre nosotros esta angustia"* (Génesis 42:21). Debemos apelar a la conciencia de nuestros hijos antes de que tengan la edad suficiente para entender las Escrituras y al Espíritu de Dios. La conciencia es lo que acusa o excusa a los paganos.

La conciencia es una habilidad divinamente implantada en el hombre que le dice que debe hacer lo bueno.

> Hasta que la convicción de pecado haga que nos arrodillemos con las dos rodillas, no podremos encontrar al Salvador.

Alguien dijo alguna vez que la conciencia se originó cuando Adán y Eva comieron el fruto prohibido, cuando sus ojos se abrieron y conocieron lo bueno y lo malo (Génesis 3:22). Emite juicio sin haberla invitado, aprueba o condena nuestros pensamientos, palabras y acciones, y los juzga como buenos o malos. El hombre no puede violar su conciencia sin condenarse a sí mismo.

Sin embargo, la conciencia no es una guía segura porque con frecuencia no te dirá si algo es malo hasta que lo hayas hecho. La conciencia necesita la influencia de Dios, porque es socia de nuestra naturaleza pecaminosa. Muchas personas hacen cosas malas sin que la conciencia los condene. *"Yo ciertamente había creído que debía hacer muchos males en contra del nombre de Jesús de Nazaret"* (Hechos 26:9). La conciencia misma necesita que se la eduque.

También, con demasiada frecuencia la conciencia es como un reloj despertador que al principio despierta y pone alerta al hombre, pero después de un tiempo él se acostumbra a ella y pierde su efecto. La conciencia se puede acallar. Pienso que con el objetivo de convencer con nuestras palabras, cometemos un error al no predicarle más a la conciencia.

Con el transcurso del tiempo, la conciencia fue reemplazada por la ley de Dios, la cual se cumplió en Cristo.

Ahora las masas tienen acceso a Biblias y éstas son el instrumento por el cual Dios produce convicción. La Palabra de Dios te dice lo que es bueno y malo *antes* de que cometas el pecado. Es fundamental que bajo la guía del Espíritu Santo aprendamos y adoptemos sus enseñanzas. La conciencia comparada con la Biblia es como una linterna comparada con el sol en los cielos.

La verdad persuadió a esos judíos en el día de Pentecostés. Pedro, lleno del Espíritu Santo predicó: *"...Sepa, pues, con certeza toda la casa de Israel, que a este Jesús a quien vosotros crucificasteis, Dios le ha hecho Señor y Cristo. Al oír esto, compungidos de corazón, dijeron a Pedro y a los demás apóstoles: Hermanos, ¿qué haremos?"* (Hechos 2:36-37).

Finalmente, el Espíritu Santo persuade: *"Y cuando Él* [el Consolador] *venga, convencerá al mundo de pecado, de justicia y de juicio; de pecado, porque no creen en mí"* (Juan 16:8-9).

Una vez escuché al difunto Dr. A. J. Gordon enseñar sobre este pasaje. Dijo: "Algunos comentadores dicen que no hubo en el mundo convicción real de pecado hasta que el Espíritu Santo vino. Pienso que los misioneros extranjeros no estarán de acuerdo. Un pagano que nunca ha escuchado sobre Cristo puede tener una convicción tremenda de pecado. Notemos que Dios primero dio la conciencia y después dio al Consolador. La conciencia da testimonio de la ley, el Consolador da testimonio de Cristo. La conciencia produce una convicción legal, el Consolador produce una convicción bíblica. La conciencia produce una convicción al punto de condenación y el Consolador produce una convicción para salvación. 'Él convencerá *al mundo* de pecado porque no creen en Mí', ese es pecado del que convence. No dice que convence a los hombres de pecado porque robaron, mintieron o cometieron adulterio. El Espíritu Santo convence a los hombres de pecado porque no han creído en Jesucristo. La venida de Jesucristo al mundo hizo posible un pecado que antes no era posible. La luz revela la oscuridad, se necesita pureza para producir convicción concerniente a la oscuridad. Hay nativos en África Central que nunca habían pensado en su piel oscura hasta que vieron el rostro de un hombre blanco. Un gran número de personas en este mundo nunca supieron que eran pecadores hasta que vieron el rostro de Jesucristo en toda su pureza.

"Ahora Jesucristo se interpone entre nosotros y la ley. El cumplió la ley por nosotros y resolvió todos los reclamos que tenía sobre nosotros. Cualquier reclamo que tenía sobre nosotros se le transfirió a Él. Ya no es la cuestión del *pecado*, sino la cuestión del *Hijo* la que nos confronta. Después de que nos es enviado el Espíritu Santo, lo primero que Pedro hace cuando comienza a predicar es proclamar a Cristo. *"a este, entregado por el plan predeterminado y el previo conocimiento de Dios, clavasteis en una cruz por manos de impíos y le matasteis"* (Hechos 2:23). No dice una palabra sobre ningún otro tipo de pecado. Ese es el pecado que recorre la enseñanza de Pedro. Mientras él predicaba, el Espíritu Santo descendió y los convenció y clamaron: *"¿Qué haremos para ser salvos?"*

"Nosotros no tuvimos parte en la crucifixión de Cristo; entonces, ¿cuál es *nuestro* pecado? Es el mismo pecado en una forma diferente. Ellos fueron condenados por crucificar a Cristo, nosotros somos condenados porque no hemos creído en Cristo crucificado. Ellos fueron condenados porque despreciaron y rechazaron al Hijo de Dios. El Espíritu Santo nos redarguye porque no hemos creído en el Único despreciado y rechazado. En realidad, es el mismo pecado en ambos casos – el pecado de no creer en Cristo."

Algunas de las reuniones más poderosas en las que he estado han sido aquellas en las que una especie de silencio cubría a las personas, y parecía como que un poder invisible se apoderaba de sus conciencias. Recuerdo a un hombre que llegó a una reunión: el momento en que entró, sintió que Dios estaba allí, un sentimiento de asombro lo invadió y en ese mismo momento la convicción del pecado lo llenó, y se convirtió.

La contrición

La contrición es un lamento piadoso profundo y una humillación de corazón a causa del pecado. Si no hay una verdadera contrición, el hombre regresará a su pecado viejo. Ese es el problema con muchos cristianos.

Un hombre puede enojarse, y si no hay contrición, al día siguiente se enojará otra vez. Una hija puede decirle cosas malas e hirientes a su madre, luego su conciencia la inquieta y le dice, "Madre, lo siento. Por favor perdóname."

Pero como la contrición no fue profunda y real, pronto tiene otro arranque de temperamento. Un esposo le habla palabras bruscas a su esposa, luego para aplacar su conciencia va y le compra un ramo de flores. Él no se comportará como un hombre y admitirá que su comportamiento estuvo mal.

Lo que Dios quiere es contrición. Si no hay contrición, no hay un arrepentimiento completo. "*Cercano está el Señor a los quebrantados de corazón, y salva a los abatidos de espíritu*" (Salmos 34:18). "*...al corazón contrito y humillado, oh Dios, no despreciarás*" (Salmos 51:17). Muchos pecadores

> Si no hay verdadera contrición el hombre regresará a su pecado de antes.

se lamentan de sus pecados, se lamentan de no poder continuar en ellos, se arrepienten con corazones que no están quebrantados. Creo que hoy día no *sabemos* cómo arrepentirnos.

Necesitamos a un Juan el Bautista moderno vagando por la tierra clamando: "¡Arrepiéntanse! ¡Arrepiéntanse!"

Confesión del Pecado

Un arrepentimiento verdadero nos lleva a confesar nuestros pecados. Creo que nueve décimos de nuestros problemas en nuestra vida cristiana provienen de no hacer esto. Tratamos de esconder y de encubrir nuestros pecados, pero hay muy poca confesión de ellos. Alguien dijo: "El pecado sin confesar en el alma es como una bala en el cuerpo."

Si no estás experimentando el poder de Dios en tu vida es posible que tengas un pecado sin confesar, o algo en tu vida necesita enderezarse. No hay cantidad de cantos, asistencia a reuniones religiosas, oración o lectura de tu Biblia que cubra cualquier cosa de ese tipo. Debe confesarse. Si soy muy orgulloso como para confesarlo, no debería esperar misericordia por parte de Dios o respuestas a mis oraciones. *"Él que encubre sus pecados no prosperará, mas el que los confiesa y los abandona hallará misericordia"* (Proverbios 28:13). Puede tratarse de un hombre en el púlpito, un sacerdote detrás del altar o un rey en un trono, pero el pecado encubierto tiene consecuencias. El hombre ha estado tratando de cubrir el pecado durante seis mil años. Adán lo intentó y falló, Moisés lo intentó cuando enterró al egipcio que mató, pero falló. *"... tened por seguro que vuestro pecado os alcanzará"* (Números 32:23). Puedes enterrar tu pecado tan profundo como quieras, pero continuará saliendo a la superficie si el Hijo de Dios no lo borra. Será mejor que tú y yo dejemos de hacer lo que el hombre ha tratado de hacer durante seis mil años.

Hay tres formas de confesar el pecado. Todo pecado es en contra de Dios y debe confesársele a Él. Algunos pecados nunca tendremos que confesarlos a nadie en la tierra. Si el pecado ha sido entre Dios y yo, puedo confesarlo a solas en mi armario, no tengo que susurrarlo al oído de ningún mortal. *"Y el hijo le dijo: 'Padre, he pecado contra el cielo y ante ti; ya no soy digno de ser llamado hijo tuyo'"* (Lucas 15:21). *"Contra ti, contra ti*

solo he pecado, y he hecho lo malo delante de tus ojos..."
(Salmos 51:4).

Sin embargo, si he hecho un mal a algún hombre y esa persona sabe el mal que le he hecho, debo confesar ese pecado no solamente a Dios sino también a ese hombre. Si tengo demasiado orgullo para confesarlo ni siquiera necesito acudir a Dios. Puedo orar y llorar, pero no servirá de nada. Primero, debo confesarlo a ese hombre, luego ir a Dios y ver cuán rápido Él me escuchará y enviará paz. *"Por tanto, si estás presentando tu ofrenda en el altar, y allí te acuerdas que tu hermano tiene algo contra ti, deja tu ofrenda allí delante del altar, y ve, reconcíliate primero con tu hermano, y entonces ven y presenta tu ofrenda"* (Mateo 5:23-24). Esa es la forma en las Escrituras.

Hay otro tipo de pecados que deben confesarse públicamente. Si me conocen como blasfemo, un borracho o un pecador sinvergüenza, y me arrepiento de mis pecados, le debo una confesión al público. La confesión debe ser pública de la misma forma como lo fue la transgresión. Muchas personas pueden decir algo malo sobre otra persona en presencia de otras, y luego tratan de arreglarlo yendo a esa persona en privado. La confesión debe hacerse de tal forma que todos los que escucharon la transgresión puedan escucharla.

Estamos demasiado preocupados confesando los pecados de otras personas. Si estamos interesados en un arrepentimiento verdadero tendremos mucho de qué encargarnos respecto de nuestro propio pecado. Cuando un hombre o una mujer se miran muy bien en el espejo de Dios, no van a encontrar faltas en otras personas como lo hacen en sí mismos.

"Si confesamos nuestros pecados, Él es fiel y justo para perdonarnos los pecados y para limpiarnos de toda maldad" (1 Juan 1:9). Gracias a Dios por el evangelio. Si hay pecado en tu vida, determina en tu mente

No tengas ninguna nube entre ti y Dios.

confesarlo y ser perdonado, no tengas ninguna nube entre ti y Dios. Sé consciente de que tienes un título a tu nombre en la mansión que Cristo está preparando para ti.

Conversión

La confesión nos lleva a una verdadera conversión. No hay conversión en lo absoluto hasta que estos tres pasos se llevan a cabo.

La palabra *conversión* significa dos cosas. Decimos que un hombre se convierte cuando nace de nuevo, pero en la Biblia también tiene un significado diferente.

Pedro dijo, *"Por tanto, arrepentíos y convertíos…"* (Hechos 3:19). La Nueva Versión Internacional dice: *"arrepiéntanse y vuélvanse"*. Pablo dijo que no fue desobediente a la visión celestial, sino que les predicó a los judíos y a los gentiles que debían arrepentirse y *volverse* a Dios.

Un anciano teólogo dijo: "Todo hombre nace de espaldas hacia Dios. El arrepentimiento es un cambio de rumbo, para avanzar de frente."

El pecado es rechazar a Dios. Es una *aversión* a Dios

y *conversión* al mundo. El verdadero arrepentimiento significa conversión a Dios y aversión al mundo. Cuando hay verdadero arrepentimiento, el corazón se quebranta *a causa* del pecado. Cuando hay una verdadera conversión, el corazón se separa del pecado. Dejamos la vida anterior y somos trasladados del reino de las tinieblas al reino de la luz. ¿Acaso no es maravilloso?

A menos que nuestro arrepentimiento incluya este tipo de conversión, no tendrá mucho valor. Si un hombre continúa pecando, es prueba de un seguimiento ocioso. Es como sacar el agua con las bombas del barco sin obstruir las grietas por donde ingresa. Salomón dijo, *"...por haber ellos pecado contra ti, y oren hacia este lugar y confiesen tu nombre, y se vuelvan de su pecado cuando tú los aflijas"* (1 Reyes 8:35). La oración y la confesión no serán efectivas mientras continúen pecando. Escuchemos el llamado de Dios y abandonemos el camino malo de antes. Volvámonos a Dios. Él tendrá misericordia de nosotros y nos perdonará.

Si nunca te has vuelto a Dios, hazlo ahora. No comparto la idea de que toma seis meses o seis semanas o seis horas convertirse, no te toma tanto tiempo volverte, ¿verdad? Si sabes que estás equivocado, vuélvete.

Confesión de Cristo

Si te convertiste, el próximo paso es confesarlo abiertamente. *"...que si confiesas con tu boca a Jesús por Señor, y crees en tu corazón que Dios le resucitó de entre los muertos, serás salvo; porque con el corazón se cree*

para justicia, y con la boca se confiesa para salvación"
(Romanos 10:9-10).

La Confesión de Cristo es la culminación de la obra del arrepentimiento verdadero. Se lo debemos al mundo, a nuestros hermanos cristianos y a nosotros mismos. Él *murió* para redimirnos. ¿Deberíamos sentirnos avergonzados o con temor de confesarlo? La religión como concepto – como doctrina – es de poco interés para el mundo, pero lo que las personas pueden decir por experiencia personal siempre tiene peso.

Recuerdo haber participado en reuniones en donde la verdad encontró resistencia, se intercambiaban comentarios amargos y de reproche.

Pero un día, uno de los hombres más prominentes en la sala se levantó y dijo: "Quiero que se sepa que soy un discípulo de Jesucristo. Si hay alguna condenación sobre Su causa, estoy preparado para aceptar mi parte en ella."

Su afirmación atravesó la reunión como una corriente eléctrica y una bendición llegó de inmediato a su alma y a las almas de los demás.

Cuando aceptas a Cristo debes hacer una confesión pública, debes confesarlo en tu trabajo y con tu familia. Deja que el mundo entero sepa que estás de Su lado.

Muchos están dispuestos a aceptar a Cristo pero no están dispuestos a confesarlo. Muchos están más enfocados en los leones y los osos del camino. Ahora bien, mis amigos, las montañas del diablo son de humo, él puede tirar una pajilla en tu camino y hacer de ella una montaña.

Te dice, "No puedes confesarlo a tu *familia*, te

derrumbarás. No puedes decirle a tu compañero de trabajo, se burlará de ti."

Pero cuando aceptas a Cristo, tendrás el poder para confesarlo.

Hubo en el Oeste un joven que consideraba la salvación de su alma. Una tarde en su oficina, dijo: "Aceptaré a Jesucristo como mi Señor y Salvador."

Fue a su casa y le dijo a su esposa (quien era profesante nominal de religión) que había tomado la decisión de servir a Cristo, y agregó:

— Hoy después de la cena voy a llevar a nuestros amigos a la sala y voy a erigir un altar familiar.

— Pues bien, — le dijo su esposa, — sabes que algunos de los caballeros que van a venir a tomar té son escépticos y son más grandes que tú. ¿No crees que sería mejor esperar hasta que se vayan, o ir a la cocina y hacer tu primera oración con los sirvientes?

El joven pensó por unos momentos y dijo:

— Es la primera vez que le pido a Jesucristo que entre a mi casa y lo voy a invitar al mejor salón, no a la cocina.

Así que llamó a sus amigos al salón. Hubo un poco de burla, pero él leyó y oró. Ese hombre se convirtió en Presidente de la Corte Suprema de Justicia de los Estados Unidos. *"Porque no me avergüenzo del evangelio, pues es el poder de Dios para la salvación de todo el que cree..."* (Romanos 1:16).

Un joven se enlistó y fue enviado a su regimiento. Pasó la primera noche en el cuartel con otros quince jóvenes que pasaban el tiempo jugando cartas y apostando. Antes de acostarse, se arrodilló y oró. Ellos lo maldijeron, se burlaron de él y le tiraron sus botas.

Así sucedió la noche siguiente, y la siguiente. Finalmente, el joven fue y le contó al capellán lo que había sucedido y le preguntó qué debía hacer.

— Pues bien, — le dijo el capellán, — ahora no estás en tu casa y los otros hombres tienen tanto derecho como tú en el cuartel. Si les molesta escucharte orar, el Señor te escuchará igual de bien si dices tus oraciones en tu cama y no los provocas.

El capellán no vio al joven por semanas; finalmente, lo vio y le preguntó:

— Por cierto, ¿hiciste lo que te aconsejé?

— Lo hice por dos o tres noches.

— ¿Cómo fue todo?

— Pues bien, — dijo el joven, — me sentí como un sabueso azotado, así que la tercera noche me levanté de la cama, me arrodillé y oré.

— Bueno, ¿cómo funcionó eso? — le preguntó el capellán.

El soldado joven le contestó:

— Ahora tenemos una reunión de oración todas las noches. Tres hombres ya se convirtieron y estamos orando por el resto.

Estoy cansado del cristianismo débil.

Estoy cansado del cristianismo débil. Démoslo todo por Cristo, y si el mundo nos quiere llamar tontos dejemos que lo haga. Es solo por un corto tiempo. El día de la coronación está por llegar. Agradezcámosle a Dios por el privilegio que tenemos de confesar a Cristo.

Sabiduría verdadera

"Los entendidos brillarán como el resplandor del firmamento, y los que guiaron a muchos a la justicia, como las estrellas, por siempre jamás" (Daniel 12:3).

Este es el testimonio de un anciano. Tuvo la experiencia más enriquecedora y profunda que cualquier otro que viviera en la tierra en esa época. Fue llevado a Babilonia cuando era joven; algunos estudiosos de la Biblia piensan que no tenía más de veinte años. Si alguien hubiera dicho cuando este joven hebreo fue llevado en cautiverio que superaría a los hombres poderosos de ese entonces, nadie lo habría creído. Todos los generales que habían sido victoriosos en casi todas las naciones, en ese momento serían eclipsados por este joven esclavo. Sin embargo, durante quinientos años no se registra en la historia que la vida de ningún hombre haya brillado como la suya. Superó a Nabucodonosor, Belsasar, Ciro, Darío y a todos los príncipes y reyes poderosos de su época.

No se nos dice cuándo se convirtió al conocimiento del Dios verdadero, pero pienso que tenemos buenas razones para creer que sucedió bajo la influencia del profeta Jeremías. Evidentemente, algún hombre fervoroso y piadoso causó una impresión profunda en él. Alguien le enseñó cómo tenía que servir a Dios.

Hoy día escuchamos hablar sobre la dificultad del campo en donde laboran algunas personas, que dicen que su posición es muy peculiar. Piensa en el campo en donde tuvo que trabajar Daniel. No solamente era esclavo, sino que también estuvo en cautiverio en una nación que detestaba a los hebreos. No conocía el idioma, y vivía en medio de idólatras. Aun así, desde el principio tomó su lugar con Dios y siguió así toda su vida. Le entregó a Dios el rocío de su juventud y continuó fielmente hasta que su peregrinaje terminó.

Nota que todos aquellos que han hecho una impresión profunda en el mundo y que han brillado con fuerza, han sido hombres que vivieron en días oscuros. Considera a José, los ismaelitas lo vendieron como esclavo a Egipto y aun así, llevó a su Dios con él al cautiverio de la misma forma como lo hizo Daniel años más tarde, y permaneció veraz hasta el fin. No renunció a su fe porque lo sacaron de su casa y lo colocaron entre idólatras, permaneció firme y Dios estuvo a su lado.

Considera a Moisés, quién dio la espalda a los palacios dorados de Egipto, se identificó con su nación despreciada y oprimida. Si un hombre tuvo un campo difícil ese fue Moisés, aun así, brilló fuertemente y demostró ser fiel a Dios.

Elías vivió en días más oscuros que nosotros, toda la nación se estaba volviendo idólatra. Ajab, su reina, y toda la corte real lanzaron su influencia *en contra de* la adoración del Dios verdadero. Aun así, Elías permaneció firme y brilló fuertemente en ese día oscuro y malo. Ahora su nombre se destaca en las páginas de la historia.

Considera a Juan el Bautista. Yo solía pensar que me hubiera gustado vivir en los días de los profetas, pero ya abandoné esa idea. Puedes estar seguro de que cuando un profeta aparece en escena, todo está oscuro, ya que la Iglesia de Dios profesante se ha pasado al servicio del dios de este mundo. Así era cuando Juan el Bautista hizo su aparición. Ves como su nombre brilla hoy, han pasado más de dieciocho siglos y la fama de ese predicador en el desierto brilla más fuerte que nunca. Fue menospreciado en sus días y por su generación, pero ha sobrevivido a todos sus enemigos. Su nombre será reverenciado y su obra recordada mientras la Iglesia esté en la tierra.

Hablemos sobre campos difíciles. Pablo brilló para Dios cuando fue en su primer viaje misionero a los paganos. Les habló del Dios a quien él servía y quien había enviado a Su Hijo a morir una muerte cruel para salvar al mundo. Los hombres lo injuriaron, y también a sus enseñanzas, se rieron y se burlaron de él cuando hablaba del Crucificado; pero, siguió predicando el evangelio del Hijo de Dios. Los grandes y poderosos de su época lo consideraron un pobre confeccionista de tiendas; sin embargo, nadie puede recordar el nombre de ninguno de sus perseguidores, a menos que sus nombres estén asociados al suyo.

El hecho es que a *todos* los hombres les gusta brillar. Podemos reconocer eso ahora. Los hombres luchan por llegar a la cima de la escalera en los negocios. Todos quieren brillar más que su vecino y estar a la cabeza de su profesión. En el mundo político, siempre hay una lucha sobre quién debe ser el más grande. Aún en las escuelas encontrarás rivalidad entre los niños y las niñas; todos quieren ser el primero de la clase. Cuando un niño alcanza una posición en donde supera a todos los demás, la madre se siente muy orgullosa de ello.

Se las arregla para decirles a todos los vecinos lo bien que le ha ido a Juanito y los premios que ha recibido.

En el ejército encontrarás que uno trata de superar al otro; todos están muy ansiosos por brillar y superar a sus camaradas. Los jóvenes están ansiosos por superar a los otros en sus juegos. Así que, todos tenemos ese deseo en nosotros. Nos gusta brillar por encima de otros.

Sin embargo, en realidad hay muy pocos que pueden brillar en el mundo. De vez en cuando, un hombre superará a toda su competencia. Cada cuatro años, una lucha se lleva a cabo en todo nuestro país para determinar quién será el presidente de los Estados Unidos. La batalla dura de seis meses a un año. Aun así, solamente un hombre puede ganar el premio. Muchos luchan para obtener ese puesto, pero la mayoría se decepcionan porque solamente uno puede obtener el premio codiciado. Pero en el reino de Dios, los más pequeños y los más débiles pueden brillar si lo desean. No solamente *uno* puede obtener el premio, sino que *todos* pueden si así lo desean.

En este pasaje no se nos dice que un hombre de estado brillará de la misma forma en que brilla el reino de Dios. Los hombres de estado de Babilonia ya no existen, y hasta sus nombres han caído en el olvido.

No se nos dice que la nobleza brillará. La nobleza del mundo se olvida fácilmente. John Bunyan, el pensador de Bedford, ha sobrevivido a la multitud de quienes representaban a la nobleza en sus días. Ellos vivieron para su propia satisfacción y su recuerdo se ha borrado. Él vivió para Dios y para las almas, y su nombre es tan fragante como nunca.

No se nos dice que los comerciantes brillarán. ¿Quién puede nombrar a alguno de los millonarios de los días de Daniel? Sus nombres fueron enterrados en el olvido algunos años después de su muerte. ¿Quiénes fueron los conquistadores poderosos de esos días? Podemos mencionar a algunos. Es cierto que sabemos de Nabucodonosor, pero es Daniel, no Nabucodonosor, quien se erige como el gigante en la fe, a pesar del hecho de que Dios usó a ambos durante la misma época en la historia de Israel.[3]

Qué diferente es la historia con este profeta fiel del Señor. Veinticinco siglos han pasado y su nombre brilla una y otra vez y otra vez, más y más brillante; y continuará brillando mientras exista la Iglesia de Dios. *"Los entendidos brillarán como el resplandor del firmamento, y los que guiaron a muchos a la justicia, como las estrellas, por siempre jamás"* (Daniel 12:3).

La gloria de este mundo desparece rápidamente. Napoleón, el militar francés y líder político, casi hizo temblar la tierra. Por un tiempo resplandeció y brilló como un guerrero terrenal. Después de que pasaron algunos años, una isla pequeña albergó a quien en un tiempo fue el conquistador orgulloso y poderoso. Murió como un prisionero pobre y con el corazón roto. ¿En dónde se encuentra él hoy? Casi en el olvido. ¿Quién en el mundo puede decir que Napoleón vive en los afectos de sus corazones?

Pero fíjate en este profeta despreciado y odiado. Lo echaron en la cueva de los leones porque era muy recto

---

3   Original: Es cierto que sabemos de Nabucodonosor, pero probable-
     mente sabemos de él por su relación con el profeta Daniel.

y demasiado religioso; aun así, su recuerdo permanece fresco hoy día. Se ama y honra su nombre a causa de su fidelidad a Dios.

Hace muchos años estuve en París en el momento de la Gran Exposición. En aquel entonces Napoleón III estaba en su apogeo. Se oía vitorear a la gente mientras él se conducía por las calles de la ciudad. Unos cuantos años más tarde, cayó de su elevada posición y murió exiliado de su país y de su trono, y ¿en dónde figura su nombre hoy día? Muy pocos piensan en él, y si se menciona su nombre, no es con afecto y estima. Cuán vacías y efímeras son la gloria y la soberbia de este mundo. Si somos sabios, viviremos para Dios y la eternidad, nos despojaremos de nosotros mismos y no

> Dios nos dejó aquí para brillar.

nos importará el honor y la gloria de este mundo. *"El fruto del justo es árbol de vida, y el que gana almas es sabio"* (Proverbios 11:30). Si algún hombre, mujer o niño por su ejemplo y vida piadosa pueden ganar un alma para Dios, su vida no habrá sido en vano; ellos habrán eclipsado a todos los hombres poderosos de su época, porque habrán establecido una corriente en movimiento que fluirá sin cesar por la eternidad.

Dios nos dejó aquí para brillar, no estamos aquí para comprar y vender, para acumular riqueza, o adquirir una posición mundana. Si somos cristianos, esta tierra no es nuestro hogar. *"Porque nuestra ciudadanía está en los cielos, de donde también ansiosamente esperamos a un Salvador, el Señor Jesucristo"* (Filipenses 3:20). Dios nos envió al mundo para que brillemos por Él y para que alumbremos este mundo oscuro. Cristo vino para ser la Luz del Mundo, pero los hombres apagaron esa luz, Lo llevaron al Calvario y la apagaron.

Antes de que Jesús ascendiera, le dijo a Sus discípulos, *"Vosotros sois la luz del mundo; …Id, pues, y haced discípulos de todas las naciones"* (Mateo 5:14; 28:19).

Dios nos llama a brillar de la misma forma en que Daniel fue enviado a Babilonia para brillar. No permitas que un hombre o una mujer digan que porque no tienen la misma influencia que otros tienen, no pueden brillar. Dios quiere que uses la influencia que tienes. Al principio probablemente Daniel no tuvo mucha influencia, pero porque fue fiel y usó lo que tenía Dios pronto le dio más.

Recuerda que una luz pequeña hará mucho cuando está en un lugar muy oscuro. Coloca una candela pequeña en medio de un salón grande y dará mucha luz.

En las regiones de las praderas, cuando se realizaban las reuniones en las escuelas construidas con troncos, las reuniones se llevaban a cabo a la luz de las velas.

El primer hombre que llegaba traía consigo una tira de tela empapada con sebo para quemarla. Probablemente era todo lo que tenía, pero la traía y la colocaba sobre el escritorio. No iluminaba mucho el edificio, pero era mejor que nada. Cada familia traía su propia vela, y para cuando la escuela estaba llena había suficiente luz. Así que, si todos brillamos un poco, habrá mucha luz. Eso es lo que Dios quiere que hagamos, si no todos podemos ser faros, por lo menos todos podemos ser una vela de sebo.

Algunas veces, una luz pequeña puede hacer una

gran diferencia. La ciudad de Chicago se incendió a causa de una vaca que pateó una lámpara, y a cien mil personas se les quemaron sus casas y hogares. No permitas que Satanás tome ventaja de ti y te haga pensar que porque no puedes hacer cosas grandes no puedes hacer nada en absoluto.

Recordemos que se supone que deberíamos *dejar* que nuestra luz brille. No dice, *hacer* que tu luz brille. Tú no tienes que *hacer* que la luz brille, todo lo que tienes que hacer es *permitir* que brille.

Recuerdo haber oído de un hombre que estaba muy mareado en altamar. En mi opinión, si hay un momento en que un hombre siente que no puede hacer ninguna obra para el Señor, es en ese momento. Mientras este hombre estaba enfermo, escuchó que alguien había caído por la borda. Se preguntó si podía hacer algo para ayudar a salvar a ese hombre, agarró una luz y la sostuvo en la portilla, el hombre que se estaba ahogando se salvó. Cuando este hombre se recuperó de sus mareos, salió a la cubierta y habló con el hombre a quien habían rescatado. El hombre rescatado dio su testimonio, dijo que ya se había hundido por segunda vez y que se estaba hundiendo por la última vez cuando sacó su mano. En ese mismo momento, alguien sostuvo una luz en la portilla y alumbró su mano, el marinero la agarró y lo subió al bote salvavidas.

Pareció algo muy insignificante, pero salvó la vida del hombre. Si no puedes hacer cosas grandes, puedes sostener la luz para algún borracho pobre que perece, que puede ser ganado para Cristo y librado de la destrucción. Llevemos la antorcha de la salvación a los hogares oscuros, y delante de las personas sostengamos a Cristo como el Salvador del mundo. Si hemos de alcanzar a las masas que perecen, debemos acercarnos a ellas, orar con ellas y trabajar por ellas. No daría mucho por el cristianismo de un hombre si no está dispuesto a hacer el intento por salvar a otros. Es una ingratitud absoluta si no les damos la mano a otros que están hundidos en el mismo pozo del que nos rescataron. ¿Quién puede alcanzar y ayudar a hombres alcohólicos sino aquellos que han sido esclavos del alcohol?

> Si todos hiciéramos lo que podemos, podríamos marcar una diferencia.

¿No saldrás hoy e intentarás rescatar a esos hombres? Si todos hiciéramos lo que podemos, podríamos marcar una diferencia.

Recuerdo haber leído sobre un hombre ciego que se sentaba en la esquina de una calle en una ciudad grande con una linterna a la par. Alguien, al darse cuenta de que era ciego, le preguntó por qué tenía la linterna, ya que para él la luz era lo mismo que la oscuridad.

El hombre ciego contestó: "La tengo para que nadie se tropiece conmigo."

Donde un hombre lee la Biblia, cien te leen a ti y a mí. A eso se refería Pablo cuando dijo que debemos ser epístolas vivientes de Cristo, conocidas y leídas por todos los hombres (2 Corintios 3:2). No daría mucho por todo lo que se puede hacer con sermones, si no predicamos a Cristo con nuestras vidas. Si no presentamos el evangelio a las personas mediante nuestro caminar y conversación, no los ganaremos para Cristo. Un acto de bondad pequeño posiblemente tendrá más influencia en ellos que cualquier cantidad de sermones largos.

Un barco quedó atrapado en una tormenta en el Lago Erie, y estaban tratando de llegar al puerto de Cleveland. A la entrada de ese puerto tenían lo que llaman luces superiores e inferiores. A lo lejos, en los acantilados, las luces superiores brillaban intensamente; pero cuando se acercaron al puerto no pudieron ver las luces que indicaban la entrada. El piloto pensó que debían regresar al lago, el capitán estaba seguro de que si regresaban se hundirían e instó al piloto a que hiciera todo lo posible para entrar al puerto. El piloto dijo que había muy poca esperanza de llegar al puerto, porque no tenía nada que lo guiara. Intentaron todo para que el barco entrara. El barco flotó sobre las olas, luego en el abrevadero del mar, por fin se encontraron varados en la playa, donde el barco se hizo pedazos. Alguien había descuidado las luces inferiores y se habían apagado.

Tomemos la advertencia. Dios mantiene las luces superiores encendidas más brillantes que nunca, pero nos dejó a nosotros aquí para mantener las luces inferiores encendidas. De la misma forma en que Cristo nos representa ante el Padre, nuestro trabajo es representarlo a Él aquí. Algunas veces pienso que si tuviéramos un representante tan pobre en los tribunales de arriba como los representantes que Dios tiene aquí en la tierra, tendríamos muy pocas posibilidades de llegar al cielo. Preparémonos para la acción y que nuestras luces brillen intensamente, para que otros puedan ver el camino y no tropiecen en las tinieblas.

Escuché sobre un hombre que en el estado de

Minnesota quedó atrapado en una tormenta terrible. Ese estado está maldito con tormentas invernales que azotan tan repentinamente que dificultan el escape. La nieve cae y el viento golpea de cara al viajero, quien no puede ver a medio metro de distancia. Muchos hombres se han perdido en las praderas cuando quedaron atrapados en una de esas tormentas.

Este hombre quedó atrapado y estaba al punto de casi darse por vencido, cuando vio una luz pequeña en una cabaña. Se las arregló para llegar allí y encontró un refugio de la furia de la tempestad. Hoy día es un hombre muy rico. Tan pronto como pudo, compró la granja y construyó una casa bella en el lugar en donde estaba la cabaña. En la cima de una torre instaló una luz giratoria. Cada noche de tormenta, él enciende la luz con la esperanza de que pueda ser el medio para salvar a alguien más.

Eso es agradecimiento verdadero y eso es lo que Dios quiere que hagamos. Si Él nos rescató y nos sacó del hoyo horrible, siempre veamos si hay alguien más a quien podamos ayudar a salvar.

En una costa rocosa y tormentosa, dos hombres estaban a cargo de una luz giratoria en un faro. De alguna forma la maquinaria se arruinó y la luz no giraba. Estaban tan preocupados de que las personas que estaban en el mar la confundieran con otro tipo de luz que giraron la luz manualmente durante la noche para mantenerla en movimiento.

Mantengamos nuestras luces en el lugar apropiado, para que el mundo pueda ver que el cristianismo no es una farsa sino una realidad. En los deportes griegos había un juego en donde los hombres corrían con luces, encendían una antorcha en el altar y corrían cierta distancia. Algunas veces lo hacían a caballo. Si un hombre entraba con su luz aún encendida recibía un premio, pero si su luz se apagaba perdía el premio.

Muchos en su vejez pierden su luz y su gozo. En un tiempo ardían y brillaban con fuerza en sus familias, en la escuela dominical y en la iglesia. Pero, el mundo o el propio yo se interpuso entre ellos y Dios, y su luz se apagó. Si eres uno de los que ha tenido esta experiencia, Dios puede ayudarte a regresar al altar del amor del Salvador y encender tu antorcha una vez más. Entonces podrás ir a aquellos que tienen necesidad, y permitir que la luz del evangelio brille en esos hogares oscuros.

Si tan solo llevamos un alma a Jesucristo podemos poner en movimiento una corriente que fluirá aun cuando nosotros estemos muertos y hayamos partido. En la ladera en la montaña hay un manantial pequeño, parece tan pequeño que un buey podría beberlo de un solo trago. Luego se convierte en un arroyo y otros arroyos corren hacia él, en poco tiempo se convierte en un arroyo grande, y luego se convierte en un río ancho que avanza hacia el mar. En sus orillas se encuentran ciudades, pueblos y villas en donde viven miles de personas. La vegetación florece por todos lados y el comercio se lleva a cabo en su majestuoso camino hacia tierras lejanas.

Así que, si conviertes a una persona a Cristo, esa persona puede convertir a cien y ellos pueden convertir a mil. De esa forma la corriente, pequeña al principio, se amplía y profundiza en la medida en que se dirige hacia la eternidad.

> *"Y oí una voz del cielo que decía: Escribe:*
> *'Bienaventurados los muertos que de aquí*
> *en adelante mueren en el Señor'. Sí —dice*
> *el Espíritu— para que descansen de sus*
> *trabajos, porque sus obras van con ellos"*
> (Apocalipsis 14:13).

La Escritura menciona a muchos de quienes leemos que vivieron tantos años y luego murieron. La cuna y la tumba se acercan, ellos vivieron y murieron, y es lo único que conocemos de ellos. En *estos* días, podrás escribir en la lápida de muchos cristianos profesantes la fecha en que nacieron y la fecha en que murieron. No hay nada en el medio.

No puedes enterrar la influencia de un hombre bueno. Le sobrevive. Daniel no ha sido sepultado: su influencia es tan grande hoy como siempre lo ha sido. ¿Me dices que José está muerto? Su influencia aún vive y continuará viviendo por siempre. Puedes enterrar la casa de barro frágil en la que vive un hombre bueno, pero no puedes deshacerte de su influencia y de su ejemplo. Pablo nunca fue más poderoso de lo que es hoy.

¿Me dices que John Howard, quien fue a tantas prisiones oscuras en Europa, está muerto? ¿Están muertos Henry Martyn o William Wilberforce, o John Bunyan? Ve a los estados del sur y encontrarás a millones de hombres y mujeres quienes alguna vez fueron esclavos. Menciona a cualquiera de ellos el nombre de Wilberforce y ve lo rápido que se iluminan sus rostros. Él vivió para algo más que sí mismo y su recuerdo vivirá en los corazones de aquellos por quienes vivió y trabajó.

¿Están muertos Wesley o Whitefield? Los nombres de esos grandes evangelistas se honran hoy más que nunca. ¿Está muerto John Knox? Hoy día puedes ir a cualquier parte de Escocia y sentir el poder de su influencia.

Los enemigos de estos sirvientes de Dios están muertos. Quienes los persiguieron y dijeron mentiras sobre ellos están muertos, pero estos hombres han sobrevivido todas las mentiras que se profirieron sobre ellos. Y no solamente eso, sino que ellos también brillarán en otro mundo. *"Los entendidos brillarán como el resplandor del firmamento, y los que guiaron a muchos a la justicia, como las estrellas, por siempre jamás"* (Daniel 12:3).

> Vivamos para Dios, continuamente avanzando para ganar almas para Él.

Continuemos convirtiendo a tantos como podamos a la justicia, seamos muertos al mundo, a sus mentiras, a sus placeres y sus ambiciones. Vivamos para Dios, continuamente avanzando para ganar almas para Él.

El Dr. Chalmers dijo: "Miles de hombres respiran, se mueven y viven, pasan la etapa de la vida, y ya no se sabe más de ellos. ¿Por qué? Porque no participan del bien en el mundo y nadie fue bendecido por ellos, nadie puede señalarlos como el medio de su redención: no se recuerda ni una línea que escribieron, ni una palabra que dijeron y así perecieron. Su luz se apagó en las tinieblas, y no se les recordó más que a los insectos del ayer. ¡Oh hombre inmortal! ¿vivirás y morirás así? Vive por algo. Haz el bien y deja atrás de ti un monumento de virtud que la tormenta del tiempo nunca pueda destruir. Escribe tu nombre en bondad, amor y misericordia en los corazones de miles de personas con las que entras en contacto año tras año: nunca serás olvidado. ¡No! Tu nombre, tus obras serán tan legibles en los corazones que dejas detrás de ti como las estrellas de cara a la noche. Las obras buenas brillarán como las estrellas del cielo."

Parte V

Lecciones de Noé y el Arca

Un mensaje solemne

Cuando Dios habla, tú y yo podemos permitirnos escuchar. No es el hombre hablando ahora, sino Dios. *"Entonces el Señor dijo a Noé: Entra en el arca tú y todos los de tu casa ..."* (Génesis 7:1).

Tal vez algún escéptico esté leyendo esto y diga, "Espero que el Sr. Moody no vaya a enseñar sobre el arca. Pensé que las personas inteligentes habían renunciado a eso."

No he renunciado a eso. Cuando lo haga, habré renunciado a la Biblia entera. Difícil es que haya alguna porción de la Escritura del Antiguo Testamento en la que el Hijo de Dios no haya puesto Su sello cuando estuvo en el mundo.

Algunos dicen, "No creo en la historia del diluvio."

Cristo conectó Su propio regreso a este mundo con ese diluvio. *"Porque como en los días de Noé, así será la venida del Hijo del Hombre. Pues así como en aquellos*

*días antes del diluvio estaban comiendo y bebiendo,
casándose y dándose en matrimonio, hasta el día en
que entró Noé en el arca, y no comprendieron hasta que
vino el diluvio y se los llevó a todos; así será la venida del
Hijo del Hombre"* (Mateo 24:37-39). Creo en el relato del
diluvio de la misma forma como creo en el capítulo tres
de Juan. Compadezco a cualquier hombre que tome la
Palabra de Dios en partes. El momento en que renunciamos a cualquiera de estas cosas, renunciamos a una
parte de la deidad del Hijo de Dios. Me di cuenta de
que cuando un hombre comienza a tomar la Biblia en
partes, no le toma mucho tiempo despedazarla *toda*.
¿De qué sirve tomarse cinco años en hacer lo que se
puede hacer en cinco minutos?

Ciento veinte años antes de que Dios hablara las
palabras de Génesis 7:1, Noé recibió la comunicación
más terrible que haya venido del cielo a la tierra. Ningún
hombre hasta ese momento, y creo que ningún hombre
desde entonces, ha recibido alguna vez tal comunicación. Dios dijo que, por la iniquidad del mundo, iba a
destruir el mundo con agua. No podemos tener idea de
la magnitud y el tipo de iniquidad antes del diluvio. La
Biblia agrega una expresión tras otra como un esfuerzo
para enfatizarla. *"Y el Señor vio que era mucha la maldad de los hombres en la tierra, y que toda intención de
los pensamientos de su corazón era solo hacer siempre
el mal. Y le pesó al Señor haber hecho al hombre en la
tierra, y sintió tristeza en su corazón"* (Génesis 6:5-6).
*"Y miró Dios a la tierra, y he aquí que estaba corrom-
pida, porque toda carne había corrompido su camino
sobre la tierra. Entonces Dios dijo a Noé: He decidido*

poner fin a toda carne, porque la tierra está llena de violencia por causa de ellos; y he aquí, voy a destruir-los juntamente con la tierra" (Génesis 6:12-13). En ese entonces los hombres vivían quinientos años y más, tenían suficiente tiempo para madurar en sus pecados.

Cómo se recibió el mensaje

Durante ciento veinte años Dios lo intentó todo con la civilización anterior al diluvio. Él nunca destruye sin dar una advertencia, y ellos fueron advertidos. Cada vez que Noé clavaba un clavo en el arca, era una advertencia para ellos. Cada sonido del martillo repetía: "creo en Dios". Si se hubieran arrepentido y clamado como lo hicieron en Nínive, creo que Dios habría escuchado su clamor y los habría perdonado; pero no hubo clamor pidiendo misericordia. No dudo de que se burlaran de la idea de que Dios iba a destruir el mundo, no dudo que hubo ateos que dijeron que de todos modos no había ningún Dios.

Una vez le pregunté a un ateo:

— ¿Cómo explicas la creación del mundo?

— ¡Oh! La fuerza y la materia trabajaron juntas y por casualidad se creó el mundo.

— Si la fuerza y la materia pusieron las cosas juntas de esa forma, es algo extraordinario que tu lengua no esté encima de tu cabeza — le dije.

¿No es cierto que si agarro mi reloj y te digo que la fuerza y la materia trabajaron juntas y el reloj apareció, dirías que soy un lunático de primera clase?

Y, aun así, dicen que este mundo viejo fue creado por casualidad y que se formó solo.

En Escocía conocí a un hombre que sostenía que Dios no existe.

Le pregunté:

— ¿Cómo explicas la creación de todas estas rocas? — (en Escocia hay muchas rocas)

Él dijo:

— Bueno, cualquier niño de escuela puede explicar eso.

— Pues bien, ¿cómo se creó la primera roca?

— De la arena.

— ¿Cómo se creó la primer arena?

— De la roca.

Él lo tenía todo bien arreglado, arena y roca, roca y arena. No dudo que Noé haya tenido que lidiar con este mismo tipo de hombres.

Luego están los agnósticos. Ellos creen que Dios existe y que el mundo no se formó por casualidad, pero creen que Dios es demasiado misericordioso y lleno de compasión para castigar el pecado. El borracho, la prostituta, el que apuesta, el asesino, el ladrón y el hombre que persigue los placeres mundanos, todos participarán de la misma forma con los santos al final. Supongamos que el gobernador de tu estado fuera tan bondadoso que no puede soportar ver a un hombre sufrir, o ver a un hombre encarcelado, y que creyera que todos los prisioneros deben ser puestos en libertad. ¿Por cuánto tiempo sería gobernador? Lo harían dejar su puesto antes de la puesta del sol. Estos mismos hombres que hablan de la misericordia de Dios, serían los primeros en sublevarse si un gobernador se rehusara a encarcelar a un criminal.

Otros creen que Dios no puede destruir al mundo aún si quisiera. Si sucediera un diluvio grande, simplemente se refugiarían en los cerros y en las montañas para escapar, eso sería cien veces mejor que el arca de Noé. O, si eso sucediera, construirían balsas, lo que sería mucho mejor que el arca. Jamás han visto una cosa de aspecto tan feo, medía cerca de ciento cincuenta y dos metros de largo, veinticuatro metros de ancho y quince metros de alto, con tres pisos y una sola ventana pequeña.

> Muchos creyeron que Noé debía estar equivocado porque formaba parte de una minoría.

Finalmente, muchos creyeron que Noé debía estar equivocado porque formaba parte de una minoría. Hoy día, lo sabes, ese es un argumento popular. Noé por cierto formaba parte de la mínima minoría, pero siguió trabajando.

Si en aquel entonces tenían tabernas, probablemente cantarían canciones vulgares sobre Noé y su arca. No dudo que lo hicieron, porque leemos que *había violencia en la tierra,* y dondequiera que haya alcohol hay violencia. También leemos que Noé plantó una viña y cayó en el pecado de la embriaguez. Él era un hombre recto, y si hizo eso, ¿qué podemos pensar que hicieron los otros? Y si tenían teatros, muy probablemente lo personificaron para entretener a familias enteras.

Si en esa época hubiese existido la prensa, los reporteros lo habrían entrevistado y la Associated Press habría impreso actualizaciones diarias de cómo progresaba el trabajo del arca.

Y probablemente habrían organizado excursiones de visita al arca como espectáculo. Si hubiera sucedido que Noé estaba cerca, se habrían dado de codazos diciendo: "Ese es Noé. ¿No crees que tiene una mirada extraña en sus ojos?"

Como diría un escocés, pensaban que era un poco tonto o loco. Gracias a Dios que un hombre puede permitirse ser un poco loco. Un demente piensa que todos *los demás* están locos. Un alcohólico no se llama a sí mismo loco cuando gasta en bebida todos sus recursos financieros, pero se le llama loco a un hombre que entra al arca y se salva, para este tiempo y para la eternidad.

Hubo todo tipo de burlas referidas a Noé y su arca. Los hombres de negocios continuaban comprando y vendiendo, y Noé continuó predicando y construyendo.

Tal vez hubiera algunos astrónomos, que miraron a las estrellas y dijeron: "No se preocupen, no hay señales en el cielo de que se avecine una tormenta, somos hombres muy sabios y si se estuviera acercando una tormenta, podríamos leerlo en los cielos."

Los geólogos continuarían excavando y dirían: "No hay señales en la tierra."

Incluso los carpinteros que ayudaron a construir el arca pudieron haberse burlado de él, pero probablemente fueran como muchas personas de hoy, que ayudarán a construir una iglesia y tal vez donen dinero para su mantenimiento, pero nunca entran en ella.

Las cosas siguieron como de costumbre. Cada primavera los corderitos brincaban en las laderas, los hombres buscaban riqueza, y si tenían alquileres sospecho que regirían por periodos más largos que los nuestros. Pensamos que noventa y nueve años es mucho tiempo, pero los de ellos probablemente regían por novecientos noventa y nueve años; y cuando firmaban un alquiler dirían: "El viejo Noé dice que el mundo se va a acabar en ciento veinte años, y ya pasaron veinte, pero creo que voy a firmar el arrendamiento. Me voy a arriesgar."

Alguien dijo que Noé debe haber sido sordo, o no hubiera soportado la burla y las miradas condescendientes de sus compatriotas. Pero aun si era sordo a la voz de los hombres, claramente escuchó **No pudo lograr que un solo hombre le creyera, excepto su propia familia.** la voz de Dios cuando le dijo que construyera el arca.

Puedo imaginar que después de que pasaron cien años y se terminó de construir el arca, la gente diría: "¿Por qué dejó de trabajar?"

Noé viajó predicando, diciéndoles a las personas sobre la tormenta que se avecinaba. Les advirtió que a menos que se refugiaran en el arca, Dios iba a eliminar a todos los hombres de la faz de la tierra. Pero no pudo lograr que un solo hombre le creyera, excepto su propia familia.

Algunos de los ancianos habían fallecido. Murieron diciendo: "Noé está equivocado."

Pobre Noé, tuvo que haber pasado momentos difíciles. No creo que yo hubiera tenido la gracia de trabajar durante ciento veinte años sin un solo convertido, pero él solo se afanó y creyó la Palabra de Dios.

Entonces se acabaron los ciento veinte años. En la

primavera de ese año, Noé no plantó nada porque sabía que el diluvio se acercaba. Las personas decían: "Cada dos años él planta. Piensa que este año el mundo va a ser destruido y no ha plantado nada."

La mudanza

Puedo imaginar una mañana bella sin ninguna nube a la vista. Noé escuchó de Dios, la misma voz que había oído ciento veinte años antes. Tal vez durante ciento veinte años había habido silencio, pero la voz sonó a través de su alma una vez más: "...*Noé: Entra en el arca tú y todos los de tu casa* ..." (Génesis 7:1).

La palabra *entra* se menciona más de seiscientas cincuenta veces en la Biblia[4], y esta es la primera vez que significó salvación. Es fácil imaginar a Noé y a su familia entrando en el arca cargando todas sus posesiones.

Probablemente algunos de sus vecinos dijeran: "Noé, ¿cuál es la prisa? Tendrás tiempo de sobra para entrar en esa arca vieja. ¿Cuál es la prisa? No tiene ventanas y ni si siquiera podrás mirar hacia afuera cuando la tormenta llegue."

Pero él escuchó la voz, y obedeció.

Algunos de sus parientes pudieron haber dicho: "¿Qué vas a hacer con la vieja granja?"

Posiblemente Noé dijo: "No la quiero, la tormenta se avecina, la riqueza del mundo no tiene valor, el arca es el único lugar de refugio." Debemos tener en cuenta que las posesiones en las que tanto pensamos

---

4   [N. de T.] El texto original en inglés es: "The word *come* occurs about nineteen hundred times in the Bible".

desaparecerán pronto, los cielos estarán en llamas, entonces, ¿de qué servirán la propiedad, el honor y la posición en la sociedad?

La primera cosa que los alarmó fue cuando una mañana se levantaron y los cielos estaban llenos con las aves del cielo que entraban volando alarca de dos en dos. Venían del desierto, de las montañas y de todas las partes del mundo. Tuvo que haber sido un extraño espectáculo. Puedo imaginar a la gente clamando: "¡Gran Dios! ¿Qué significa esto?"

Y al mirar hacia abajo, vieron a los insectos pequeños arrastrándose de dos en dos, llegando de todas partes del mundo. Luego llegaron el ganado y las bestias, de dos en dos. Los vecinos gritarían: "¿Qué significa esto?"

Buscaron a sus gobernadores y hombres sabios, quienes dijeron que no había señal de que se avecinara una tormenta, y les preguntaron por qué las aves, los animales y todos los seres que se arrastran estaban dirigiéndose hacia el arca como si una mano invisible los estuviera guiando.

Los gobernadores y los hombres sabios habrán dicho: "Pues bien, no lo podemos explicar, pero no se preocupen. Dios no va a destruir el mundo, los negocios nunca han estado mejor. ¿Piensan que Dios nos permitiría ser prósperos de tal manera si fuera a destruir el mundo? Todavía no hay señales de que se avecine una tormenta. No tenemos idea de qué fue lo que hizo que estos insectos y animales salvajes del bosque entraran al arca, no lo entendemos, es muy extraño. Pero no hay señales de que algo vaya a suceder, las estrellas brillan y el sol brilla tan fuerte como nunca, todo continúa como siempre. Pueden oír a los niños jugando en la calle, los hombres y las mujeres siguen contrayendo matrimonio."

Imagino que la alarma se desvaneció, y todo regresó a lo normal. Noé salió y dijo: "La puerta se va a cerrar. Entren, Dios va a destruir el mundo. ¿Vieron cómo vinieron los animales? La comunicación vino a ellos directamente del cielo." Pero las personas sólo siguieron burlándose de él.

¿Sabías que cuando pasaron los ciento veinte años, Dios le dio al mundo siete días de gracia? ¿Alguna vez te diste cuenta de eso? Si hubiera habido arrepentimiento durante esos siete días, creo que Dios los habría escuchado. Pero no lo hubo.

Llegó el último día, la última hora, el último minuto y segundo. Dios Todopoderoso descendió y cerró la puerta del arca. No fue un ángel o un hombre, sino Dios mismo quien cerró esa puerta. Cuando el amo y señor de la casa se levantó y cerró la puerta, la perdición de ese mundo viejo quedó sellada para siempre. El sol se puso sobre la gloria de ese mundo viejo por última vez. A la distancia se oyeron los murmullos de la tormenta, los truenos, y el relámpago resplandeció. El mundo viejo se estremeció. La tormenta estalló sobre ellos. El arca vieja de Noé hubiera valido más que el mundo entero para ellos.

Muchos puedan mofarse de esto, reírse de la Biblia, burlarse del Dios de tu madre o reírse de los cristianos, pero se acerca la hora en que una promesa en la Palabra de Dios valdrá más para ti que diez mil mundos como este.

Las ventanas del cielo se abrieron y brotaron las fuentes de la gran profundidad. Las aguas burbujearon, el mar rompió sus límites y saltó sobre sus muros, los ríos se salieron de sus cauces. Las personas de las tierras bajas corrieron a las montañas y a las cimas, huyeron por las laderas. Lloraron, "¡Noé! ¡Noé! ¡Noé! ¡Déjanos entrar!"

Dejaron sus casas y fueron al arca, la golpearon, gritaron, "¡Noé! ¡Déjanos entrar! ¡Noé! ¡Ten misericordia de nosotros!"

"¡Soy tu sobrino!"

"¡Soy tu sobrina!"

"¡Soy tu tío!"

Una voz gritó desde adentro, "Quisiera dejarlos entrar, pero Dios cerró la puerta. ¡No puedo abrirla!"

Dios cerró esa puerta. Cuando se cerró la puerta, ya no hubo esperanza. Su clamor por misericordia llegó muy tarde, su oportunidad de gracia se había terminado, su última hora había llegado. Dios les había invitado insistentemente a entrar, pero ellos se burlaron de la invitación, se rieron y se burlaron de la idea de un diluvio. Ahora era demasiado tarde.

> Dios cerró esa puerta. Cuando la puerta se cerró, ya no hubo esperanza.

Dios no permitió que alguien sobreviviera para que nos dijera cómo perecieron las personas. Cuando Job perdió a su familia, un mensajero llegó hasta él. Ningún mensajero hubo del mundo anterior al diluvio. Ni siquiera el mismo Noé pudo ver perecer al mundo. Si hubiera podido verlo, habría visto a hombres, mujeres y niños lanzarse contra el arca. Las olas subieron alto y más alto, y los que estaban afuera perecieron en su incredulidad. Algunos pensaron escapar trepando a los árboles, con la idea de que la tormenta terminaría pronto. Siguió lloviendo día y noche por cuarenta días y cuarenta noches. Fueron arrastrados cuando las olas se estrellaban contra ellos. Los gobernadores, los astrónomos y los hombres importantes pedían misericordia, pero era demasiado tarde. Ellos habían desobedecido al Dios de misericordia, Él había llamado y ellos lo rechazaron. Él les había implorado, pero ellos se rieron y se burlaron. En lugar de misericordia, había llegado el tiempo de juicio.

El juicio

Otra vez llegará el tiempo en que Dios trate con el mundo en juicio. No sabemos cuándo exactamente, pero ten por seguro que llegará. La palabra de Dios ha estado proclamando que este mundo será enrollado como un pergamino y quemado con fuego. ¿Qué será de tu alma? Es un llamado amoroso: "*...Noé: Entra en el arca tú y todos los de tu casa ...*" (Génesis 7:1). Veinticuatro horas antes de que la lluvia empezara a caer, el arca de Noé no valía mucho más que la leña; pero veinticuatro horas después de que la lluvia empezara a caer, el valor del arca de Noé era mayor que todo el mundo. No hubo un hombre vivo entonces que no lo hubiera dado todo por tener un lugar en el arca. Tú puedes darte la vuelta y reírte.

Puedes decir, "Prefiero estar sin Cristo que tenerlo."

Llegará el tiempo en que Cristo valdrá para ti más

que diez mil mundos como este. Él se te presenta ahora. Hoy es el día de gracia, ahora es el día de misericordia. Si lees tu Biblia con atención encontrarás que Dios siempre precede el juicio con la gracia. La gracia es precursora del juicio. Él llamó a los hombres en amor durante los días de Noé, que pudieron haberse salvado si se hubieran arrepentido durante esos ciento veinte años. Cuando Cristo vino y les imploró a las personas en Jerusalén, ese era su día de gracia. Pero ellos se burlaron y se rieron de Él.

Él dijo, *"¡Jerusalén, Jerusalén, la que mata a los profetas y apedrea a los que son enviados a ella! ¡Cuántas veces quise juntar a tus hijos, como la gallina junta sus pollitos debajo de sus alas, y no quisiste!"* (Mateo 23:37). Cuarenta años después, miles de personas rogaron que se les perdonara la vida. Más de un millón perecieron en esa ciudad.

En 1857, un avivamiento recorrió este país desde el este hasta la costa del Pacífico. Era Dios llamando a la nación para Sí mismo. En ese entonces medio millón de personas se unieron con la Iglesia, y luego estalló la Guerra Civil. En 1857 el país fue bautizado con el Espíritu Santo y en 1861 fue bautizado con sangre. Ese fue un llamado de misericordia que precedió al juicio.

¿Están a salvo tus hijos?

La Escritura que seleccioné tiene una aplicación especial para las personas y los padres cristianos. A Noé se le dio el mandamiento de la Escritura no solamente para su propia seguridad sino también para la seguridad de su casa. La pregunta que le hago a cada padre y madre es esta, "¿Están tus hijos en el arca de Dios?" Tú puedes ignorarla, pero es una pregunta muy importante. ¿Están tus hijos adentro? ¿Están tus nietos adentro? No descanses ni de día ni de noche hasta que logres que tus hijos entren. Creo que mis hijos tienen cincuenta tentaciones en donde yo tuve una, creo que en las ciudades grandes hay una trampa del diablo en la esquina de cada calle para nuestros hijos e hijas; y no creo que deberíamos desperdiciar nuestro tiempo acumulando riquezas y posesiones mundanas. ¿He hecho todo lo que puedo hacer para lograr que mis hijos entren? Ese es nuestro trabajo. Punto.

Ahora, permíteme hacerte otra pregunta ¿Cómo se habría sentido Noé si cuando Dios lo llamó a entrar en el arca, sus hijos se hubieran negado a ir con él? ¿Qué habría sentido, si él hubiera sido tan mal ejemplo que sus hijos no tuviesen fe en su palabra? Habría dicho: "Ahí está mi pobre hijo en la montaña. Hubiera preferido morir yo."

David lloró por su hijo, "*…¡Hijo mío Absalón; hijo mío, hijo mío Absalón! ¡Quién me diera haber muerto yo en tu lugar! ¡Absalón, hijo mío, hijo mío!*" (2 Samuel 18:33). Noé amaba a sus hijos y ellos confiaban en él.

Hace varios años alguien me envío un papel. Contenía un artículo que estaba marcado. El título era "¿Están todos los niños adentro?" Una esposa anciana yacía muriendo, tenía casi cien años. El esposo que había vivido con ella durante tantos años estaba sentado a su lado. Ella apenas respiraba. De repente revivió, abrió los ojos y dijo:

— Está muy oscuro.

— Si, Janet, está oscuro.

— ¿Es de noche?

— Sí, es medianoche.

— ¿Están todos los niños adentro?

El hijo más joven llevaba ya veinte años en la tumba, pero esa noche ella viajó de regreso a los días del pasado, cuando se durmió en Cristo preguntando, "¿Están todos los niños adentro?"

¿Están todos adentro? Ahora pregúntate a ti mismo, ¿Está Juan adentro? ¿Está Santiago adentro? O ¿está inmerso en los negocios y el placer? ¿Está viviendo una vida doble o deshonesta? ¿Madre, en dónde está tu hijo? ¿En dónde están tu hijo y tu hija? ¿Está todo bien con tus hijos? ¿Puedes decir esto?

Después de ser supervisor de una escuela dominical en Chicago por varios años – una escuela de casi mil miembros, niños que venían de hogares impíos, con madres y padres trabajando en contra de mí, llevando a los niños a excursiones los domingos y haciendo todo lo que podían para deshacer el trabajo que yo estaba tratando de hacer – yo solía pensar que, si alguna vez me parara frente a una audiencia, les hablaría solamente a los padres, ese sería mi objetivo principal. Hay un dicho antiguo: "Consigue el cordero y obtendrás la oveja." Renuncié a esa teoría hace años. Dame a la oveja y luego tendré alguien que cuide al cordero. Si conviertes a un cordero pequeño, y él tiene un padre y una madre impíos, tendrás pocas oportunidades con ese niño. Queremos hogares piadosos, el hogar se estableció mucho antes que la iglesia.

Dicho eso, estoy en completo desacuerdo con la idea de que nuestros niños tienen que crecer antes de que puedan nacer de nuevo. Una vez vi a una señora con tres hijas a su lado, me acerqué a ella y le pregunté si era cristiana.

— Sí, señor.

Luego, le pregunté a la hija mayor si era cristiana, su barbilla tembló y se llenaron sus ojos de lágrimas. Y dijo:

— Ojalá lo fuera.

La madre se enojó conmigo y dijo:

— No quiero que les hable a mis hijas sobre eso, ellas no entienden.

Y con gran furia, se fue furiosa con sus hijas siguiéndola. Una de las hijas tenía catorce años, otra tenía doce y la otra, diez años. Su madre pensaba que no eran lo suficientemente grandes para hablarles sobre su salvación.

Déjelos ir a la deriva en el mundo y sumergirse en diversiones mundanas, y vea cuán difícil es alcanzarlos. Muchos hijos están ahora más allá del alcance de sus madres, no les permiten a sus madres que oren con ellos, ella puede orar *por* ellos, pero ellos no le permitirán orar o hablar *con* ellos. Cuando sus mentes eran tiernas y jóvenes, pudieron haber sido guiados hacia Cristo, llevarlos adentro. "*...Dejad a los niños, y no les impidáis que vengan a mí, porque de los que son como estos es el reino de los cielos*" (Mateo 19:14). ¿Hay un padre que no ora leyendo esto? Que Dios te traspase hasta tu alma. Determina en tu mente que con la ayuda de Dios puedes hacer que tus hijos entren. La orden de Dios es primero para el padre, pero si él no acepta su responsabilidad la madre debe dar el paso y salvar a los niños del naufragio. Ahora es el tiempo de tomar el trabajo en serio, mientras los tienes bajo tu techo, ejercita la influencia que Dios te da sobre ellos.

Pienso en dos padres, uno vivía a la orilla del Mississippi y el otro, en Nueva York. El primero dedicó todo su tiempo a acumular riquezas. Tenía un hijo a quien estaba muy apegado. Un día, el hijo fue llevado a casa herido gravemente, se le informó al padre que el hijo viviría solamente por un corto tiempo, y le dio la noticia al hijo tan suavemente como pudo.

"¿Padre dices que no viviré? Entonces ora por mi alma," le dijo el niño.

Ese padre nunca había orado por su hijo y le dijo que no podía. Poco después el niño murió. Desde entonces, el padre ha dicho que hubiera dado todo lo que poseía si pudiera traer de regreso a su hijo solamente para ofrecer una breve oración por él.

> Ahora es el tiempo de tomar el trabajo en serio, mientras los tienes bajo tu techo.

El otro padre tenía un hijo que había estado enfermo durante algún tiempo. Un día llegó a casa y encontró a su esposa llorando. Ella le dijo:

— No puedo evitar creer que esto va a ser fatal.

El hombre dijo:

— Si así lo crees, ¿por favor se lo puedes decir a él?

Pero la madre no le pudo decir al niño. El padre fue al cuarto del niño enfermo y vio que la muerte estaba cerca, dijo:

— Hijo mío, ¿sabes que no vas a vivir?

El pequeño vio hacia arriba y dijo:

— No. ¿Es la muerte lo que siento venir sobre mí? ¿Moriré hoy?

— Sí, hijo mío. No pasarás el día.

El pequeño sonrió y dijo:

— Pues bien, padre, esta noche estaré con Jesús, ¿no?

— Sí, pasarás la noche con el Señor.

El padre se quebrantó y lloró. El pequeño vio las lágrimas y dijo:

— No llores por mí, iré a Jesús y Le diré que desde que tengo memoria tú has orado por mí.

Tengo tres niños, si Dios decidiera quitármelos, preferiría que le dieran ese tipo de mensaje a Él en lugar de tener toda la riqueza del mundo entero. Oro a Dios porque pueda decir algo que te motive, padre, madre, para que metas a sus hijos en el arca.

Parte VI

Los dones de la Gracia

"...aprended de mí, que soy manso y humilde de corazón..." (Mateo 11:29)

Humildad

No hay lección más difícil de aprender que la de la humildad. No se enseña en las escuelas de los hombres, solamente en la escuela de Cristo. Es el don más raro de todos. Muy raramente encontramos a un hombre o una mujer que sigue de cerca los pasos del Maestro en mansedumbre y humildad. Creo que mientras Jesucristo estuvo en la tierra, fue la lección más difícil que les enseñó a Sus discípulos. Al principio, casi parecía que no había podido enseñársela a los doce hombres que estuvieron con Él casi constantemente durante tres años.

Creo que si somos lo suficientemente humildes, obtendremos una bendición grande y creo que esa bendición depende más de nosotros que del Señor. Él siempre está listo para dar una bendición y darla gratuitamente, pero nosotros no siempre estamos en la posición de recibirla. Él siempre bendice al humilde. Si podemos echarnos inclinados delante de Él, no nos decepcionaremos. Fue María a los pies de Jesús, quien había escogido la mejor parte (Lucas 10:42).

¿Alguna vez notaste la razón que Cristo dio para aprender de Él? Jesús podría haber dicho: "Aprendan de mí porque soy el pensador más avanzado de esta era, he hecho milagros que ningún otro hombre ha hecho. He mostrado mi poder sobrenatural en miles de formas." Pero no, la razón que Él dio fue que era manso y humilde de corazón (Mateo 11:29).

En la Escritura leemos de tres hombres cuyos rostros brillaron. A los tres se les conoce por su mansedumbre y humildad. Se nos dice que el rostro de Cristo brilló en Su transfiguración. Después de que Moisés estuvo en el monte por cuarenta días, bajó de su comunión con Dios con un rostro brillante. Y cuando Esteban se paró frente al Sanedrín el día de su muerte, su rostro brillaba como el rostro de un ángel. Si queremos que nuestros rostros brillen, debemos entrar al valle de la humildad y echarnos en el polvo delante de Dios.

Bunyan dice que es difícil bajar al valle de la humillación. El descenso es muy empinado y escabroso, pero cuando llegamos es muy fructífero, fértil y bello. Creo que nadie cuestionará eso. Casi todo hombre, aún el impío, admira la mansedumbre.

Alguien le preguntó a Agustín de Hipona cuál era la cualidad cristiana más importante, y él dijo:

"la humildad." Le preguntaron cuál era la segunda, y él contesto, "la humildad." Le preguntaron cuál era la tercera, y él dijo, "la humildad." Creo que si somos humildes tenemos todos los dones.

Hace algunos años vi lo que se conoce como una planta sensible. Por casualidad respiré sobre ella y repentinamente dejó caer su cabeza, la toqué y se marchitó. La humildad es tan sensible como esa planta, no puede ponerse en exhibición de forma segura. Un hombre que se halaga a sí mismo y cree que es humilde y camina cerca del Maestro se engaña a sí mismo. La humildad consiste no en pensar humildemente de nosotros mismos sino en no pensar en nosotros mismos en lo absoluto. Moisés no esperaba que su rostro brillara. Si la humildad habla de sí misma, desaparece.

Si la humildad habla de sí misma, desaparece.

Alguien dijo que la hierba es una ilustración de esta cualidad humilde, porque fue creada para uno de los servicios más bajos, Si la cortamos vuelve a crecer, el ganado se alimenta de ella y aun así, cuán hermosa es.

Las lluvias caen sobre las cimas de las montañas y muy a menudo las dejan infértiles, porque el agua corre hacia los prados y los valles haciendo fértiles los lugares bajos. Si un hombre es orgulloso y se le halaga, los ríos de gracia puedan fluir sobre él y dejarlo infértil y sin fruto; sin embargo traen bendición al hombre que ha sido abatido por la gracia de Dios.

Un hombre puede imitar el amor, la fe, la esperanza y todos los otros dones; pero es muy difícil imitar la humildad. Es fácil detectar la humildad falsa o de imitación.

En Oriente tienen un dicho que dice que a medida que la cizaña y el trigo crecen, muestran lo que Dios ha bendecido. Las espigas que Dios bendijo inclinan la cabeza y reconocen cada grano. Cuanto más fructíferas son, más bajo inclinan sus cabezas. La cizaña que Dios ha enviado como una maldición, levanta la cabeza en alto por encima del trigo, pero su único fruto es el mal.

En mi granja tengo un árbol de pera que es muy hermoso, uno de los árboles más bellos de mi propiedad. Cada rama se extiende hacia la luz y permanece recta casi como una candela de cera, pero nunca obtengo fruto de él. Tengo otro árbol que el año pasado estaba tan lleno de fruto que las ramas casi tocaban la tierra. Si tan solo nos inclinamos lo suficiente, Dios nos usará a cada uno de nosotros para Su gloria.

Así como la alondra que vuela en lo más alto y construye su nido en lo más bajo. Así como el ruiseñor que canta tan dulcemente y canta en la sombra cuando todas las cosas descansan. Así como las ramas que están más cargadas con fruto y se doblan hasta lo más bajo. Y así como el barco más cargado se hunde tanto más profundo en el agua. Los cristianos que dan más fruto son los más humildes.

Hace algunos años *The London Times* publicó la historia de una petición que estaba circulando para recolectar firmas. Era un tiempo de mucha emoción, y la petición buscaba tener una gran influencia en La Cámara de los Lores. Pero hubo una palabra que se omitió. En lugar de: "Le suplicamos humildemente," decía "Le suplicamos". Así que se descartó. Si queremos apelar ante el Dios del cielo, debemos humillarnos. Si nos humillamos delante del Señor, no sufriremos decepción.

En la medida en que estudié las vidas de quienes la Biblia menciona que demostraron humildad, creció mi convicción del pecado. Pido que ores para que yo pueda ser humilde. Cuando examino mi vida a la par de las vidas de algunos de estos hombres, digo que da vergüenza el cristianismo de estos días. Si quieres tener una buena idea de ti mismo, observa a algunas de las personas de la Biblia, las revestidas con mansedumbre y humildad, y nota el contraste entre su posición y la tuya delante de Dios y del hombre.

Uno de los hombres más mansos en la historia fue Juan el bautista. ¿Recuerdas cuando le preguntaron si él era Elías, o este o aquel profeta?

Él dijo: "No."

Pudo haber dicho muchas cosas halagüeñas sobre sí mismo, como, "soy el hijo del viejo sacerdote Zacarías. ¿No han escuchado de mi fama como predicador? Probablemente he bautizado a más personas que cualquier otro hombre vivo. El mundo nunca ha visto un predicador como yo."

Honestamente creo que *hoy día* la mayoría de los hombres en su posición harían eso. Hace algún tiempo en el tren, oí a un hombre que hablaba tan fuerte que podían oírlo todas las personas que había en el vagón. Afirmaba que él había bautizado a más personas que cualquier hombre de su denominación, se jactaba de cuántas miles de millas había recorrido, de cuántos sermones había predicado y de cuántos servicios en vivo había oficiado. Siguió, hasta que me sentí tan avergonzado que escondí mi cabeza. Esta es la era de la jactancia y de la arrogancia, es la era del gran "yo".

Hace poco me di cuenta de que en todos los Salmos no podemos encontrar ningún lugar en donde David se refiera a su victoria sobre el gigante Goliat. Si David viviera hoy, inmediatamente habría habido un libro entero escrito sobre eso. Estoy seguro de que muchos poemas dirían las cosas grandes que hizo. Habría estado en demanda como conferencista y con un título agregado a su nombre, como G.M.G. que representa Gran Matador de Gigante. Así es hoy: tenemos grandes evangelistas, grandes predicadores, grandes teólogos y grandes obispos.

"Juan," le preguntaban, "¿quién eres?"

"No soy nadie, debo ser escuchado y no visto. Solamente soy una voz."

Él no tenía una sola palabra que decir sobre sí mismo.

Una vez escuché a un pajarito cantando débilmente cerca de mí, pero cuando estuvo fuera del alcance de la vista sus notas eran aún mucho más dulces. Cuanto más alto volaba, más dulce era su canto. Seríamos levantados a lugares celestiales si tan solo pudiéramos perdernos de vista y aprender de Aquel que es manso y humilde de corazón.

Marcos nos dice que Juan vino y predicó: *"...Tras mí viene uno que es más poderoso que yo, a quien no soy digno de desatar, inclinándome, la correa de sus sandalias"* (Marcos 1:7). Piensa en eso. ten presente que a Cristo lo consideraban un mentiroso y un carpintero aldeano. Aun así, aquí está Juan, el hijo de un anciano sacerdote. A la vista de los hombres Juan tenía una posición mucho más alta que Jesús, grandes multitudes iban a escucharlo, y aún Herodes lo escuchó hablar.

Cuando sus discípulos vinieron a él y le dijeron que Cristo estaba empezando a atraer multitudes grandes, Juan respondió con humildad. *"Respondió Juan y dijo: Un hombre no puede recibir nada si no le es dado del cielo. Vosotros mismos me sois testigos de que dije: 'Yo no soy el Cristo, sino que he sido enviado delante de Él'. El que tiene la novia es el novio, pero el amigo del novio, que está allí y le oye, se alegra en gran manera con la voz del novio. Y por eso, este gozo mío se ha completado. Es necesario que Él crezca, y que yo disminuya"* (Juan 3:27-30).

Es fácil leer esto, pero es difícil para nosotros vivir en el poder de eso. Es muy difícil para nosotros estar listos para disminuir, ser más y más pequeños para que Cristo pueda crecer. La estrella de la mañana se desvanece cuando sale el sol.

> *"El que procede de arriba está por encima de todos; el que es de la tierra, procede de la tierra y habla de la tierra. El que procede del cielo está sobre todos. Lo que Él ha visto y oído, de eso da testimonio; y nadie recibe su testimonio. El que ha recibido su testimonio ha certificado esto: que Dios es veraz. Porque aquel a quien Dios ha enviado habla las palabras de Dios, pues Él da el Espíritu sin medida"* (Juan 3:31-34).

Ahora, démonos un vistazo más de cerca a nosotros mismos. ¿Hemos estado disminuyendo? ¿Pensamos menos de nosotros mismos y de nuestra posición en comparación con lo que pensábamos un año atrás? ¿Buscamos obtener una posición de dignidad? ¿Queremos aferrarnos a un título y nos ofendemos porque no se nos trata con el respeto que pensamos merecer? Hace algún tiempo, escuché a un hombre que desde el púlpito decía que le ofendería que no se dirigieran a él por su título. ¿Vas a tomar esa misma posición? ¿Crees que debes tener un título, y que deben llamarte por ese título o de lo contrario te ofenderás? Juan no quiso ningún título. Cuando estamos bien con Dios, no nos interesaran los títulos. En el inicio de su ministerio, Pablo se llamó a sí mismo el más pequeño de los apóstoles (1 Corintios 15:9). Más tarde asegura ser el más pequeño que todos los santos (Efesios 3:8). Una vez más, justo antes de morir, humildemente declara que es el primero de los pecadores (1 Timoteo 1:15). Nota cómo parecía hacerse más y más pequeño en su propia estima. Sucedió lo mismo con Juan. Espero y oro que conforme el tiempo pase nosotros deseemos ser menos para que Él pueda crecer, y que Dios reciba todo el honor y la gloria.

¿Pensamos menos de nosotros mismos y de nuestra posición en comparación con lo que pensábamos un año atrás?

Andrew Murray dijo: "Cuando miro hacia atrás, a mi propia experiencia religiosa, u observo a la Iglesia de Cristo en el mundo, quedo asombrado ante la idea de la poca humildad que se busca como característica distintiva del discípulo de Jesús. En la prédica y forma de vida, en la interacción diaria en el hogar y en la vida social, en la más especial comunión con los cristianos, en la dirección y el desempeño de la obra para Cristo. Existe prueba en abundancia de que a la humildad no se le considera como una virtud importante, es la única raíz de la cual los dones pueden crecer, la única condición indispensable de la verdadera comunión con Jesús."

Echa un vistazo a lo que Cristo dice de Juan. *"Él era la lámpara que ardía y alumbraba…"* (Juan 5:35). Cristo le dio el honor que le pertenecía. Si tomas una posición humilde, Cristo se dará cuenta. Si quieres que Dios te ayude, asume una posición baja.

Me temo que si nosotros hubiéramos estado en el lugar de Juan, muchos habríamos dicho: "¿Qué dijo Cristo? ¿Soy una lámpara que arde y que alumbra?". Luego, habríamos publicado ese reconocimiento en el periódico, enviando copias a nuestros amigos con esa parte resaltada. Algunas veces recibo sobres llenos de recortes de periódicos de algún hombre afirmando cuán elocuente es. El punto es que ese hombre quiere que le consiga una iglesia. ¿Piensas que un hombre con esa elocuencia está buscando una iglesia? No, porque todas las iglesias lo estarían buscando a él.

¿No es vergonzoso? Algunas veces pienso que es un milagro que algún hombre se convierta en estos días. Deja que otros te reconozcan, no te alabes a ti mismo. Si queremos que Dios nos exalte, humillémonos. Cuanto más bajo nos ubiquemos, más alto Dios nos levantará. Este es el elogio de Cristo para Juan: *"…En verdad os digo que entre los nacidos de mujer no se ha levantado nadie mayor que Juan el Bautista...*" (Mateo 11:11).

Se cuenta una historia sobre William Carey, el gran misionero. El gobernador general de India lo había invitado a una cena. Como invitados había algunos oficiales militares que pertenecían a la aristocracia y que miraban a los misioneros con desdén y desprecio.

Uno de esos oficiales dijo en la mesa:

— Creo que antes de asumir la profesión de misionero, Carey era zapatero, ¿no es así?

El Sr. Carey habló y dijo:

— Oh no, yo solamente era el remendón. Solamente sabía arreglar zapatos.

Él no estaba avergonzado de eso.

La gran virtud prominente de Cristo, junto a Su obediencia, es Su humildad. Y, aun así, Su obediencia se originó de Su humildad. "*...el cual, aunque existía en forma de Dios, no consideró el ser igual a Dios como algo a qué aferrarse, sino que se despojó a sí mismo tomando forma de siervo, haciéndose semejante a los hombres. Y hallándose en forma de hombre, se humilló a sí mismo, haciéndose obediente hasta la muerte, y muerte de cruz*" (Filipenses 2:6-8). En Su nacimiento humilde, Su sumisión a Sus padres terrenales, Su reclusión durante treinta años, Su relación con el pobre y el despreciado, Su sumisión y dependencia completa hacia Su Padre, esta virtud que se consumó en Su muerte en la cruz resplandece.

Un día, cuando Jesús iba de camino a Capernaúm y hablaba sobre su muerte venidera, su sufrimiento y sobre Su resurrección, oyó una discusión fuerte que se llevaba a cabo detrás de Él. Cuando entró en la casa en Capernaúm, se volteó hacia sus discípulos y dijo: "¿De qué se trataba la discusión?"

Puedo imaginar a Juan viendo a Santiago, y Pedro a Andrés, todos ellos avergonzados. "¿Quién es el mayor?" Es una discusión que ha arruinado fiesta tras fiesta, una sociedad después de otra.

Para enseñarles humildad, Cristo puso a un niño pequeño en medio de ellos y dijo: *"...El que reciba a este niño en mi nombre, a mí me recibe; y el que me recibe a mí, recibe a aquel que me envió; porque el que es más pequeño entre todos vosotros, ese es grande."* (Lucas 9:48).

Para mí, una de las cosas más tristes en la vida de Jesucristo fue el hecho de que justo antes de Su crucifixión, Sus discípulos discutieron acerca de quién debía ser el más grande. Esa misma noche, Él instituyó la Última Cena y comieron la Pascua juntos, esa fue Su última noche en la tierra. Ellos nunca antes Lo habían visto tan triste. Él sabía que Judas Lo vendería por treinta piezas de plata y que Pedro lo negaría; y además de eso, al entrar en la misma sombra de la cruz, surgió esta disputa sobre quien debía ser el más grande. Él tomó una toalla y se la ciñó como un esclavo, luego tomó un cuenco de agua, se agachó y les lavó los pies. Esa fue otra lección práctica sobre humildad. *"Vosotros me llamáis Maestro y Señor; y tenéis razón, porque lo soy. Pues si yo, el Señor y el Maestro, os lavé los pies, vosotros también debéis lavaros los pies unos a otros."* (Juan 13:13-14).

Cuando el Espíritu Santo descendió, esos hombres fueron llenos. Ese momento en el tiempo marcó la diferencia. Mateo tomó su pluma para escribir, y se mantuvo fuera de la vista. Él dice lo que Pedro y Andrés hicieron, pero se llama a sí mismo "el publicano". Él dice cómo dejaron todo para seguir a Cristo, pero no menciona el banquete que dio.

Jerónimo[5] dice que el evangelio de Marcos debe considerarse como las memorias de Pedro y haber sido publicado con su permiso. Aun así, en ese evangelio encontramos con frecuencia cosas dañinas que se mencionan sobre Pedro, y cosas a su favor a las que no se hace referencia. El evangelio de Marcos omite toda referencia a la fe de Pedro

> Quisiera tener el mismo espíritu, que yo pudiera estar fuera de la vista y esconderme.

al aventurarse en el mar, pero narra con detalle la historia de su caída y negación de nuestro Señor. Pedro se humilló a sí mismo y levantó a otros.

Si el evangelio de Lucas se hubiera escrito hoy, estaría firmado por el gran Dr. Lucas y su fotografía aparecería en la carátula, pero no puedes ni siquiera encontrar el nombre de Lucas en ese evangelio. Él se mantiene a sí mismo fuera de escena. Escribió dos libros y su nombre no figura en ninguno de ellos.

Juan se escondió bajo la expresión "el discípulo a quien Jesús amó." Ninguno de los cuatro hombres a quienes la historia les da crédito de ser los autores de los Evangelios, reclama su autoría en sus escritos. Quisiera tener el mismo espíritu, que tan solo pudiera salir de la vista y esconderme.

---

5   Jerónimo de Estridón tradujo la Biblia del griego y el hebreo al latín, en el siglo IV.

Creo que nuestra única esperanza es que pongamos en práctica el himno "Oh, Ser Nada, Nada,"[O, to be Nothing, Nothing, en inglés] y que lo hagamos el lenguaje de nuestros corazones, con el espíritu de Aquel que dijo, *"... el Hijo no puede hacer nada por su cuenta..."* (Juan 5:19).

> ¡Oh, ser nada, nada!
> Solo para recostarme a Sus pies,
> una vasija rota y vacía –
> ¡Para que se cumpla el uso del Maestro!
> Vacío para que Él me llene
> y adelante a Su servicio voy;
> roto, para que Su vida
> fluya sin tropiezos a través de mí.

Una vez un caballero se acercó y me preguntó qué promesa de Cristo pienso que es la más valiosa. Tomé un poco de tiempo para repasarlas, pero me di por vencido. Me di cuenta de que no podía contestar su pregunta. Es como un hombre que tiene muchos hijos, no puede decirle a alguien cuál de sus hijos es el preferido porque los ama a todos. Aún si esta no es la mejor, es una de las promesas más dulces de todas. *"Venid a mí, todos los que estáis cansados y cargados, y yo os haré descansar. Tomad mi yugo sobre vosotros y aprended de mí, que soy manso y humilde de corazón, y hallareis descanso para vuestras almas. Porque mi yugo es fácil*[b] *y mi carga ligera"* (Mateo 11:28-30).

Hay muchas personas que piensan que las promesas no se cumplirán. Hay algunas promesas que vemos que ya se cumplieron y no podemos más que creer que son verdad. Es importante recordar que no todas las promesas son dadas con condiciones. Algunas promesas se nos dan con condiciones vinculadas a ellas, mientras que otras no tienen condiciones. Por ejemplo: *"Si observo iniquidad en mi corazón, el Señor no me escuchará"* (Salmos 66:18). No debo ni siquiera preocuparme de orar si estoy abrigando un pecado conocido. Él no me escuchará, y mucho menos me contestará.

"Porque sol y escudo es el Señor Dios; gracia y gloria da el Señor; nada bueno niega a los que andan en integridad" (Salmos 84:11). No tengo derecho a esa promesa a menos que camine en integridad.

Algunas de las promesas han sido para personas o naciones específicas. Por ejemplo, Dios prometió que haría que la semilla de Abraham se multiplicara tanto como las estrellas del cielo. Esa no es una promesa para usted o para mí. Algunas promesas se hicieron a los judíos y no aplican para los gentiles.

Luego, hay promesas sin condiciones. Dios les prometió a Adán y a Eva que enviaría un Salvador. No había poder que pudiera evitar que Cristo viniera al tiempo determinado. Cuando Cristo dejó el mundo, prometió enviarnos al Espíritu Santo. Apenas habían pasado diez días desde que Jesús se fue cuando vino el Espíritu Santo. Así que puedes leer la Escritura, y encontrarás que algunas de las promesas tienen condiciones y otras, no. Y si no cumplimos las condiciones, no podemos esperar que las promesas se cumplan.

Al final, creo que todos sobre la faz de la tierra se verán obligados a testificar que si cumplieron con las condiciones, el Señor cumplió las Escrituras al punto de la letra. Josué, el antiguo héroe hebreo, sirve de ilustración. Él puso a prueba a Dios durante cuarenta años en los hornos de ladrillos egipcios, cuarenta años en el desierto, y treinta años en la Tierra Prometida. Con todo eso, su testimonio en el lecho de muerte fue "... *que ninguna de las buenas palabras que el Señor vuestro Dios habló acerca de vosotros ha faltado; todas os han sido cumplida, ninguna de ellas ha faltado*" (Josué 23:14).

Creo que sería más fácil levantar el océano que romper una de las promesas de Dios; así que, cuando llegamos a una promesa como la que estamos considerando en estos momentos, no podemos descartarla. "*Venid a mí, todos los que estáis cansados y cargados, y yo os haré descansar*" (Mateo 11:28). Puedes pensar que no hay nada nuevo que aprender de este pasaje conocido. Cuando agarro un álbum de fotografías, no me interesa si las fotografías son nuevas sino si reconozco los rostros. Sucede lo mismo con estos textos antiguos muy conocidos. Ellos han satisfecho nuestra sed antes, pero el agua aún está burbujeando y es imposible beber hasta que se seque.

> El clamor del mundo hoy día es: "¿En dónde podemos encontrar reposo?".

Si sondeas el corazón humano, encontrarás un anhelo. Ese anhelo es el reposo. El clamor del mundo hoy día es: "¿En dónde podemos encontrar reposo?" La sociedad gasta mucho tiempo, energía y dinero en establecimientos de diversión. ¿Cuál es el atractivo de conducir los domingos, el de los bares y el de los restaurantes? Algunas personas piensan que buscan estas cosas por placer, otros piensan que lo van a encontrar en la riqueza y otros en la literatura. Buscan el reposo en serio, pero no lo encuentran.

¿En dónde se puede encontrar reposo?

Si quisiera encontrar a una persona que tiene reposo, no buscaría entre los muy ricos. El hombre de quien leemos en el capítulo doce de Lucas pensó que obtendría reposo multiplicando sus bienes, pero quedó desilusionado. *"Y diré a mi alma: Alma, tienes muchos bienes depositados para muchos años; descansa, come, bebe, diviértete"* (Lucas 12:19). Me arriesgo a decir que no hay una persona en el mundo entero que haya tratado de encontrar reposo de esta forma y lo haya encontrado.

El dinero no lo puede comprar. Muchos millonarios pagarían millones con todo gusto si pudieran comprarlo de la misma forma en que compran acciones y participaciones. Dios creó el alma un poco demasiado grande para este mundo. Podemos poseer el mundo entero y aun así existiría un vacío. Obtener riqueza involucra mucho, y aún más se requiere para mantenerla.

Tampoco buscaría reposo entre los que buscan el placer. En un día, ellos se complacen en unas cuantas horas de disfrute, pero al día siguiente hay suficiente dolor como para contrarrestarlo. Pueden beber de la copa del placer hoy, pero la copa del dolor llega al día siguiente.

Para encontrar reposo *nunca* iría entre los políticos o entre los que se califican como grandes. El Congreso es el último lugar en la tierra a donde iría. En la Cámara

Baja ellos quieren ir al Senado, en el Senado ellos quieren ir al Gabinete, luego ellos quieren in a la Casa Blanca. Nunca se ha encontrado reposo *allí*.

Tampoco iría entre los pasillos del aprendizaje, *"… el hacer muchos libros no tiene fin, y demasiada dedicación a ellos es fatiga del cuerpo"* (Eclesiastés 12:12). No buscaría en la alta sociedad porque ellos persiguen la moda constantemente. ¿Alguna vez has notado sus rostros preocupados cuando están en público? Y el rostro es la ventana del alma. No tienen una mirada de esperanza. Su adoración del placer es su esclavitud. Salomón probó el placer y se encontró con una decepción amarga, al final llegó un clamor amargo: *"… todo es vanidad."* (Eclesiastés 1:2).

No hay reposo en el pecado. El malvado no sabe nada del reposo. Las Escrituras nos dicen: *"Pero los impíos son como el mar agitado, que no puede estar quieto, y sus aguas arrojan cieno y lodo"* (Isaías 57:20). Tal vez has estado en el mar cuando está tranquilo, el agua es clara como el cristal y parece que el mar está en reposo; pero, si pones atención notarás la corriente, y que la calma solamente está en la superficie. El hombre, como el mar, no tiene reposo, no lo ha tenido desde la caída de Adán, y no habrá ninguno para él hasta que regrese a Dios nuevamente y la luz de Cristo brille en su corazón.

El reposo no se puede encontrar en el mundo y gracias a Dios, el mundo no lo puede quitar del corazón creyente. El pecado es la causa de toda falta de reposo. Trajo fatiga, trabajo y miseria al mundo.

Ahora algo positivo: para quien ha escuchado la voz dulce de Jesús y dejado su carga en la cruz, hay reposo, reposo dulce. Miles pueden dar testimonio de este hecho bendito. Sinceramente pueden decir:

> Escuché la voz de Jesús decir,
>   "Ven a mí y descansa;
> acuéstate, cansado, recuesta
>   tu cabeza sobre mi pecho."
> Vine a Jesús como estaba,
>   cansado, deteriorado y triste.
> Encontré en Él un lugar de reposo,
>   y me dio alegría.[6]

De todos sus escritos, Agustín de Hipona no tiene nada más dulce que esto: "Tú nos has hecho para ti, Oh Dios, y nuestro corazón está sin reposo hasta que reposa en Ti."

¿Sabías que durante cuatro mil años ningún profeta, sacerdote o patriarca se levantó y habló de esta manera? Hubiera sido una blasfemia para Moisés haber expresado estas palabras. ¿Crees que Moisés tuvo reposo cuando desagradó al Señor? ¿Piensas que Elías pudo haber expresado tales palabras cuando oró pidiendo morir bajo el árbol de enebro?

Ésta es una de las pruebas más fuertes de que Jesucristo no fue solamente hombre sino también Dios. Él fue Dios hecho hombre y ésta es la proclamación del cielo: *Ven a mí,... y te daré descanso.* Él lo trajo consigo del cielo.

Ahora bien, ¿no piensas que si este texto no fuera verdadero ya nos habríamos dado cuenta? Creo en él

---

6   Extracto de un himno titulado "Escuché la voz de Jesús decir".

tanto como creo en mi propia existencia. ¿Por qué? Porque no solamente lo encuentro en la Palabra de Dios sino también en mi propia experiencia. Las promesas de Cristo nunca se han roto y nunca podrán ser quebrantadas.

Le doy gracias a Dios por la palabra *dar* en ese pasaje. Él no lo vende, algunos de nosotros somos tan pobres que no podríamos comprarlo aún si estuviera a la venta. Gracias a Dios, lo podemos obtener a cambio de nada.

Me gusta tener un texto como este porque es relevante para todos. "*Venid a mí, todos los que estáis cansados y cargados...*", eso no significa un selecto grupo de damas refinadas y hombres cultos, no significa solamente personas buenas, aplica para el santo y para el pecador. Los hospitales existen para el enfermo, no para las personas saludables. Cristo no le cerraría la puerta en la cara a alguien y diría: "No quise decir *todos*, solamente me referí a ciertas personas." Si no puedes venir como un santo, ven como un pecador, solamente ven.

Una vez una dama me dijo que ella era tan dura de corazón que no podía venir.

"Pues bien," le dije, "no dice que vengan todos los que son blandos de corazón. Corazones negros, corazones viles, corazones duros, corazones suaves, todos los corazones vengan. ¿Quién más puede ablandar tu corazón duro sino Él?"

Cuanto más duro sea tu corazón, más necesitas venir. Si mi reloj deja de funcionar, no lo llevo a una farmacia o a una herrería, lo llevo con el relojero para que lo repare. Así que, si el corazón se descompone llévalo a quien lo cuida, Cristo, para que lo arregle. Si puedes comprobar que eres pecador, tienes derecho a la promesa. Obtén todos los beneficios que puedas de ella.

Hay muchos creyentes que piensan que este texto solamente aplica a los pecadores. Es justo lo que ellos también necesitan. ¿Qué vemos hoy día? La Iglesia, personas cristianas, todos cargados de preocupaciones y problemas. *"Venid a mí, todos los que estáis cansados y cargados…"* ¡Todos! Creo que eso incluye a los cristianos cuyo corazón está cargado con muchas penas. El Señor quiere que vengas.

Cristo, el portador de cargas

"Humillaos, pues, bajo la poderosa mano de Dios, para que Él os exalte a su debido tiempo, echando toda vuestra ansiedad sobre Él, porque Él tiene cuidado de vosotros" (1 Pedro 5:6-7). La Iglesia sería victoriosa si los cristianos se hubieran dado cuenta de eso, pero nunca lo descubrieron. Ellos concuerdan con que Cristo es el portador de pecados, pero no se dan cuenta de que Él también es el portador de cargas. *"Ciertamente Él llevó nuestras enfermedades, y cargó con nuestros dolores"* (Isaías 53:4). Es privilegio de cada hijo de Dios caminar bajo un cielo despejado.

Algunas personas van de regreso a su pasado y se ocupan de todos sus problemas, luego ven hacia el futuro y anticipan que aún tendrán muchos más problemas. Van tropezándose y tambaleándose toda la vida.

Te dan escalofríos cada vez que interactúas con ellos. Ponen voz de queja y te dicen lo difícil que la han pasado. Creo que llevan sus problemas en el bolsillo trasero y los sacan cada vez que tienen la oportunidad.

Queremos erradicar la cristiandad de cara larga de la faz de la tierra

El Señor dice, "Echa todas tus preocupaciones sobre Mí. Quiero llevar tus cargas y tus problemas." Lo que queremos es una Iglesia con gozo y no vamos a convertir al mundo hasta que la tengamos. Queremos erradicar la cristiandad de cara larga de la faz de la tierra.

Lleva a las personas que llevan cargas grandes a una reunión. Si puedes mantener la atención de ellos, te dirán: "¡Oh, acaso no fue maravilloso! Olvide todos mis problemas." Eso es porque dejaron caer su bulto al final de la banca, pero al momento en que se da la bendición agarran su bulto otra vez. Te ríes, pero también haces lo mismo. Echa tus preocupaciones en Él.

Algunas veces estas personas entran en su armario y cierran la puerta, se entusiasman y levantan su ánimo tanto que olvidan sus problemas, pero al momento que se levantan de orar los recogen otra vez. Deja tus problemas ahora mismo, echa tus preocupaciones sobre Él. Si no puedes venir a Cristo como un santo, ven como un pecador. Pero, si eres un santo con algo de preocupaciones y de problemas, preséntaselos a Él. Santo y pecador, vengan, Él los quiere a todos. No permitas que Satanás te engañe creyendo que no puedes venir aún si tienes el deseo de hacerlo. Cristo dice, *"y no queréis venir a mí …"* (Juan 5:40).

En Europa, un hombre en una de nuestras reuniones dijo que le gustaría venir, pero que estaba encadenado y no podía venir.

Un escocés le dijo:

— Ay hombre, ¿por qué no vienes encadenado y todo?

— Nunca había pensado en eso —, le respondió.

¿Estás enojado y te irritas fácilmente? ¿Haces que en casa todo sea desagradable? Ven a Cristo y pídele que te ayude. Cualquiera que sea tu pecado, preséntaselo a Él.

¿Qué significa venir?

Dices, "Sr. Moody, quisiera que nos diga qué significa venir." Ya no intento explicarlo. Siempre siento que las personas me miran como que estoy hablando en idioma extranjero.

La mejor definición es, simplemente – ven. Cuanto más tratas de explicarlo, más se confunden las personas. Lo primero que la madre le enseña a su hijo es a ver. Lleva al bebé a la ventana y dice, "¡Mira, ahí viene papá!"

Luego le enseña al niño a venir. Ella apoya al bebé en contra de una silla y dice, "¡Ven!" Efectivamente, la cosita empuja la silla hacia mamá. Eso es venir, no necesitas ir a la universidad para aprender cómo, y no necesitas que ningún ministro te diga qué es. ¿Vendrás a Cristo? Él dijo, *"...al que viene a mí, de ningún modo lo echaré fuera"* (Juan 6:37).

El camino al cielo es el camino a la cruz, no trates de evitarlo.

Cuando tenemos una promesa como esta, aferrémonos a ella y nunca nos demos por vencidos. Cristo no se está burlando de nosotros. Él quiere que vengamos con todos nuestros pecados y descarríos, y que nos lancemos en Sus brazos amorosos. Dios no solamente quiere nuestras lágrimas, quiere nuestros pecados. Las lágrimas por sí solas no hacen bien, y no podemos venir con fuerza de voluntad, se necesita acción. ¿Cuántas veces hemos dicho en la iglesia: "Borrón y cuenta nueva" pero la cuenta del lunes es peor que la del sábado?

El camino al cielo es el camino de la cruz. No trates de evitarlo. ¿Sabes a qué se refiere el *yugo* en el texto de Mateo 11? Es la cruz que los cristianos deben llevar. La única forma en que puedes encontrar reposo en este mundo de tinieblas es tomando el yugo de Cristo. No sé qué pueda incluir en tu caso, más allá de aceptar tus deberes cristianos, reconocer a Cristo y comportarte como uno de Sus discípulos. Tal vez pueda ser levantar un altar familiar, decirle a un esposo impío que has decidido servir a Dios o decirles a tus padres que quieres ser cristiano. Sigue la voluntad de Dios y vendrán la felicidad, la paz y el reposo. El camino de la obediencia siempre es el camino de la bendición.

Un domingo por la tarde en Chicago, le prediqué a una sala llena de mujeres. Después de la reunión, una dama se me acercó y dijo que quería aceptar a Cristo. Conversamos un poco y se fue a su casa. La busqué durante toda la semana, pero no la vi sino hasta el siguiente domingo en la tarde. Ella vino y se sentó justo frente a mí. Se veía como si hubiera perdido a su mejor amiga. Parecía haber entrado en la angustia en lugar del gozo del Señor.

Después de la reunión, fui hacia ella y le pregunté cuál era el problema.

Me dijo:

— Oh, Sr. Moody, esta ha sido la semana más miserable de mi vida.

Le pregunté si había alguien con quien hubiera tenido problemas y a quién no podía perdonar.

— No, no que yo sepa.

— Pues bien, ¿les dijo a sus amigos sobre haber encontrado a el Salvador?

— De hecho, no lo hice. Toda la semana he tratado de ocultárselos.

— Bien,— le dije, — esa es la razón por la que no tiene paz.

Ella quería tomar la corona, pero no quería la cruz. Amigos míos, han de tomar el camino del Calvario. Si alguna vez tienen reposo, deben obtenerlo a los pies de la cruz.

La mujer me dijo:

— "Si voy a casa y le digo a mi esposo no creyente que encontré a Cristo, no sé qué hará. Pienso que me echará de la casa."

— Si eso sucede, váyase. —, le dije.

Ella se fue y prometió que le diría. Se veía tímida y pálida, pero no quería otra semana miserable. Estaba decidida a tener paz.

La próxima noche di una conferencia solamente para hombres. En la sala había ocho mil hombres y una sola mujer. Cuando terminé e hice la transición al tiempo de preguntas y respuestas, encontré a esta dama con su esposo. Ella me lo presentó, él era doctor y un hombre de mucha influencia.

La mujer me dijo:

— Él quiere ser cristiano.

Agarré mi Biblia, le dije todo sobre Cristo y Lo aceptó. Le dije a ella después de que todo había acabado…

— Resulto bastante diferente de lo que esperaba, ¿no?

— Sí, — contestó, — nunca en mi vida había estado tan asustada. Esperaba que él fuera a hacer algo horrible, pero resultó tan bien.

Ella tomó el camino de Dios y recibió reposo.

Quiero decir a las damas jóvenes que tal vez tienen un padre o una madre inconversos, o un hermano escéptico que está destruyendo su vida con alcohol, que tal vez no hay nadie que pueda alcanzarlos sino ustedes. Muchas veces una joven piadosa y pura ha llevado la luz a un hogar en tinieblas. Muchos hogares pueden ser alumbrados con el evangelio si solo las madres e hijas hablaran la Palabra.

La última vez que el Sr. Sankey y yo estuvimos en Edimburgo, un padre, dos hermanas y un hermano se sentaban cada mañana a leer mi sermón en el periódico y lo hacían pedazos. Les enfurecía pensar que la gente de Edimburgo debiera inspirarse por tal prédica. Un día, una de las hermanas iba por el pasillo y pensó en entrar para ver qué clase de gente iba allí.

Sucedió que se sentó a la par de una dama piadosa que le dijo:

— Espero que este interesada en esta obra.

Ella meneó la cabeza y dijo:

— No lo estoy en lo absoluto. Estoy asqueada ante todo lo que he visto y oído.

— Bien, — dijo la dama, — tal vez usted vino con una expectativa preconcebida.

— Sí, y la reunión no la ha eliminado. Por el contrario, la ha reforzado.

— Yo he recibido mucho bien de ellos.

— No hay nada aquí para mí. No veo como una persona intelectual pueda estar interesada.

En resumen, la dama piadosa la convenció de que le prometiera que regresaría. Cuando la reunión terminó, se habían esfumado solo algunos de sus preconceptos. Ella prometió regresar el siguiente día, y luego asistió a tres o cuatro reuniones más. Se interesó bastante. No le dijo nada a su familia hasta que la carga llegó a ser muy pesada, y luego les dijo. Se rieron de ella y la hicieron el blanco de sus burlas.

Un día las dos hermanas estaban juntas y la otra dijo:

— Dime que obtienes de esas reuniones que no hayas tenido antes.

— Tengo una paz que nunca había conocido antes. Estoy en paz con Dios, conmigo misma y con el mundo.

Continuó:

— Tengo dominio propio. Si antes me hubieras dicho la mitad de las cosas malas que me has dicho antes de que me convirtiera, me habría enojado y contestado mal. Pero, si recuerdas correctamente, no he contestado a ninguna sola desde que me convertí.

La hermana dijo:

— Ciertamente tienes algo que no tengo.

La hermana convertida le dijo que eso también era para ella, llevó a la hermana a las reuniones y así también ella encontró la paz.

Como Marta y María, tenían un hermano, pero él era miembro de la Universidad de Edimburgo. ¿Podría ser posible que él se salvara? ¿Qué fuera a las reuniones? Estaría bien para las *mujeres*, pero no para él. Una noche, las hermanas regresaron a casa y le dijeron que uno de sus amigos de la universidad se había parado y confesado a Cristo, y que cuando él se sentó, su hermano se puso de pie y confesó. Finalmente, el último de los hermanos se puso de pie y confesó.

Cuándo el joven escuchó eso, dijo:

— ¿Quieren decir que él se convirtió?

— Sí.

— Pues bien,— dijo él, — debe haber algo en eso.

Se puso su sombrero y su abrigo, y fue a visitar a su amigo Black. Black lo llevó a las reuniones y él se convirtió.

Nos dirigimos a Glasgow y no habían pasado ni seis semanas cuando llegó la noticia de que aquel joven había enfermado y muerto. En su lecho de muerte, llamó a su padre junto a su cama y dijo:

> ¿No es hora para que llevemos a nuestros amigos al reino de Dios?

— ¿Acaso no fue algo bueno que mis hermanas fueran a esas reuniones? ¿No me encontrarás en el cielo, padre?

— Sí, hijo, estoy muy contento de que seas cristiano. Ese es el único consuelo que tengo al perderte. Me convertiré en cristiano y te veré nuevamente.

Mi intención es motivar a alguna hermana a que vaya a casa y lleve el mensaje de salvación. Ninguno de nosotros tenemos garantizado el mañana. Puede ser que pierdas a tu hermano en unos meses. Estamos viviendo días solemnes. ¿No es momento de que llevemos a nuestros amigos al reino de Dios? Ven, esposa, ¿no le dirás a tu esposo? Ven, hermana, ¿no le dirás a tu hermano? ¿No tomarás tu cruz? La bendición de Dios descansará en tu alma si lo haces.

Una vez estuve en Gales y una dama me contó esta breve historia: una amiga inglesa de ella, que era madre, tenía una hija que estaba enferma. Al principio, pensaron que no había peligro. Luego, un día el doctor entró y dijo que los síntomas eran muy serios. Llevó a la madre fuera del cuarto y le dijo que la niña no sobreviviría. La noticia cayó como una bomba. Después de que el doctor se fue, la madre entró al cuarto en donde su hija yacía, habló con ella y trató de desviar su mente.

— Cariño, ¿sabes que pronto escucharás la música del cielo? Escucharás una canción tan dulce como nunca has escuchado en la tierra. Los escucharás cantar la canción de Moisés y el Cordero. Eres muy aficionada a la música. ¿Acaso no será algo dulce, cariño?

La niña pequeña, cansada y enferma volvió su cabeza y dijo:

— Oh mama, me siento tan cansada y enferma que pienso que escuchar toda esa música me hará sentir peor.

— Bueno,— dijo la madre, — pronto verás a Jesús. Verás a los serafines, a los querubines y las calles de oro.

Y continuó imaginando el cielo como se describe en Apocalipsis.

La niña otra vez volvió su cara y dijo:

— Oh mamá, me siento tan cansada que creo que ver todas esas cosas bellas me harán sentir peor.

Por último, la madre tomó a la niña en sus brazos y la apretó contra su corazón amoroso. La pequeña susurró:

— Oh mamá, esto es lo que quiero. Si tan solo Jesús me tomara en Sus brazos y me diera descanso.

¿No estás cansado y agobiado de pecar? ¿No estás agobiado de la confusión de la vida? Puedes encontrar reposo en los brazos del Hijo de Dios.

Parte VII

Lo haré

Siete "Lo haré" de Cristo

Cuando un hombre dice "Lo haré", quizá no signifique mucho. Con frecuencia decimos "lo haré" cuando no tenemos la intención de hacer lo que decimos; pero cuando Cristo dice "Lo haré" Él tiene la intención de cumplir Su palabra. Él es capaz y desea cumplir todo lo que prometió hacer y lo va a hacer. No puedo encontrar un pasaje en la Escritura en dónde Él diga que va a hacer algo y lo deje sin hacer.

Él siempre hace lo que dice.

Salvación

El primer lo haré que vamos a ver se encuentra en el Evangelio de Juan, "......*al que viene a mí, de ningún modo lo echaré fuera*" (Juan 6:37).

Imagino que alguien dirá: "Pues bien, si yo fuera lo que debo ser, iría; pero, cuando pienso sobre mi pasado, es tan oscuro. No estoy en condiciones para venir a Cristo."

Debes tener en cuenta que Jesucristo no vino para salvar a los rectos y a los justos. Él vino a salvar a pecadores como tú y como yo, quienes se han descarriado, pecado y que están destituidos de la gloria de Dios. Escucha este "lo haré", que va directo al corazón: *"al que viene a mí, de ningún modo lo echaré fuera"*. Con seguridad es lo suficientemente amplio, ¿verdad? No me importa quién es el hombre o la mujer, no me importa cuáles son sus pruebas, problemas, lamentos o pecados.

> **Debes tener en cuenta que Jesucristo no vino para salvar a los rectos y a los justos.**

Si solamente vienen directo al Maestro, Él no los echará fuera. Ven pues, pobre pecador, ven así como estás y tómale Su palabra. Él está ansioso por salvar pecadores, y aceptará a todo el que venga, Él tomará a aquellos que están tan llenos de pecado que todos los que los conocen los desprecian. Tomará a aquellos que han sido rechazados por sus padres y que sus esposas los han abandonado. Tomará a aquellos que han caído tan bajo que otros ya no se atreven a ni siquiera verlos con lástima. Su ocupación es escuchar y salvar, por eso dejó el cielo y vino al mundo, dejó el trono de Dios para salvar a pecadores. *"Porque el Hijo del Hombre ha venido a buscar y a salvar lo que se había perdido"* (Lucas 19:10). *"Porque Dios no envió a su Hijo al mundo para juzgar al mundo, sino para que el mundo sea salvo por Él"* (Juan 3:17).

Un joven salvaje y derrochador que se dirigía a la ruina vino a una de nuestras reuniones en Chicago. El

Espíritu de Dios se apoderó de él. Mientras hablé con él é intenté traerlo a Cristo, le cité ese versículo.

Le pregunté:

— ¿Crees que Cristo dijo eso?

— Supongo que lo hizo.

— ¡Supongamos que lo hizo! ¿Lo crees?

— Espero que sí.

— ¡Esperas! ¿Lo crees? Tú tienes que hacer tu parte y el Señor hará la suya. Solo ven como eres y échate en Sus brazos. Él no te echará fuera.

El joven pensó que iba a ser muy sencillo y fácil. Finalmente, parece que la luz brilló sobre él y que había encontrado consuelo en eso. Era pasada la medianoche cuando se arrodilló, se humilló. Se convirtió.

Le dije:

— Ahora, no pienses que vas a salir del territorio del diablo sin problema. El diablo vendrá a ti mañana en la mañana y te dirá que todo fue emoción, y que tú solamente imaginaste que Dios te aceptó. Cuando lo haga, no pelees con él con tus opiniones propias, pelea con Juan 6:37 *"...al que viene a mí, de ningún modo lo echaré fuera".*

No creo que ningún hombre siquiera empiece a venir a Cristo sin que el diablo trate de alguna forma de hacerlo tropezar. Y aun cuando ya ha venido a Cristo, el diablo trata de atacarlo con duda y hacerle creer que no es salvo en realidad.

En el caso de este hombre, la lucha llego antes de lo que pensé. Cuando iba de regreso a su casa, el diablo lo atacó. Él uso este texto, pero el diablo puso el siguiente pensamiento en su mente: ¿Cómo sabes que Cristo en realidad dijo eso? Tal vez los traductores cometieron un error.

Se fue de nuevo a la oscuridad, estuvo en problemas hasta casi las dos de la mañana y al final, llegó a esta conclusión: "De todas formas voy a creer, y si cuando llegue al cielo no es cierto, le diré al Señor que yo no cometí el error – los traductores lo hicieron."

Cuando los reyes y príncipes de este mundo envían invitaciones, invitan al rico, al fuerte, al poderoso, al honorable y al sabio. Pero el Señor, cuando estuvo en la tierra, llamó a seguirle a Él a lo más vil de lo vil. Esa fue la falta principal que las personas encontraron en Él. Esos fariseos justos en su propia opinión no iban a asociarse con rameras y publicanos. La acusación principal en contra de Jesús fue que ese hombre recibía a pecadores y comía con ellos (Lucas 15:2). En su tiempo, probablemente John Bunyan no era socialmente deseable. Él, un remendón errante de Bedford, no podía entrar en uno de esos castillos principescos. Cuando estuve en el extranjero me sorprendió mucho un monumento a John Bunyan, que fue revelado por señores, duques y otros hombres grandes. Mientras él estuvo en la tierra, no hubieran permitido su presencia dentro de las paredes de sus castillos. Aun así, Dios lo usó como uno de los instrumentos más poderosos en la propagación del evangelio. No hay libro que se haya escrito que se asemeje tanto a la Biblia como el Progreso del Peregrino de Bunyan, y, él era un remendón errante de Bedford. Así es como son las cosas con Dios, Él escoge a alguien pobre, un perdido marginado y lo hace un instrumento para convertir a cientos y a miles a Cristo. George Whitefield de pie en su tabernáculo en Londres rodeado de una multitud de personas, clamó, "¡El Señor Jesús salvará los que el diablo desecha!"

Dos mujeres pobres abandonadas en la calle lo escucharon mientras su voz plateada resonaba en el aire. Viéndose una a la otra, dijeron: "eso debe significar tú y yo." Lloraron y se regocijaron, se acercaron al edificio y vieron dentro. El mensajero ferviente tenía lágrimas en los ojos mientras les suplicaba a las personas que le dieran sus corazones a Dios. Una de las mujeres le escribió una breve nota y se la envió.

Más tarde ese día sentado a la mesa con la Señora Huntingdon, una amiga especial, alguien presente le preguntó: "Sr. Whitefield, ¿no exageró mucho hoy cuando dijo que el Señor salvaría a los que el diablo rechaza?"

El sacó la nota de su bolsillo y se la dio a la dama. Le dijo:

—¿Leerías esa nota en voz alta?

Ella leyó:

— Sr. Whitefield, dos mujeres perdidas se pararon fuera de su tabernáculo hoy. Lo escuchamos decir que el Señor salvará a los que el diablo rechaza y nos aferramos a eso como nuestra última esperanza. Le escribimos esta nota para decirle que ahora nos regocijamos en creer en Él, desde esta buena hora nos esforzaremos en servirle a Él, quien ha hecho tanto por nosotros.

Limpieza

El próximo "lo haré" se encuentra en Lucas. Aquí

leemos sobre un leproso que vino a Jesús. *"Y aconteció que estando Jesús en una de las ciudades, he aquí, había allí un hombre lleno de lepra; y cuando vio a Jesús, cayó sobre su rostro y le rogó, diciendo: Señor, si quieres, puedes limpiarme. Extendiendo Jesús la mano, lo tocó, diciendo: Quiero; sé limpio. Y al instante la lepra lo dejó"* (Lucas 5:12-13). Si algún hombre o mujer lleno de la lepra del pecado lee esto, que vaya al Maestro y Le cuente todo a Él. Él te hablará como le habló al leproso pobre y dirá: *"Quiero; sé limpio"*. La lepra de tus pecados huirá de ti. Es el Señor, y solamente el Señor, quien puede perdonar pecados. Si le dices: "Señor, estoy lleno de pecado, si quieres puedes limpiarme. Señor, tengo un temperamento terrible, si quieres puedes limpiarme. Señor, tengo un corazón engañoso, límpiame, oh, Señor, dame un corazón nuevo. Dame el poder de vencer a la carne y las trampas del diablo. Señor estoy lleno de hábitos inmundos."

Si vienes a Él con un espíritu sincero, escucharás Su voz: Quiero, sé limpio. Lo hará. ¿Piensas que si el Dios que creó el mundo de la nada dice: "sé limpio," de alguna forma no serás limpio?

Hoy puedes hacer un intercambio maravilloso. Puedes tener salud en lugar de enfermedad, y puedes deshacerte de todo lo que es vil y aborrecible a la vista de Dios. El Hijo de Dios desciende y dice: "Quitaré tu lepra y a cambio te daré salud. Quitaré esa enfermedad terrible que está arruinando tu cuerpo y tu alma, y a cambio te daré Mi justicia. Te vestiré con las vestiduras de salvación."

¿No es maravilloso? Eso es lo que Él quiere decir cuando dice "lo haré". Oh, toma este "lo haré".

Confesión

"Por tanto, todo el que me confiese delante de los hombres, yo también le confesaré delante de mi Padre que está en los cielos" (Mateo 10:32). Aquí está el "lo haré" de la confesión.

Eso es lo siguiente que sucede después de que un hombre es salvo. Cuando hemos sido lavados en la sangre del Cordero, lo siguiente es abrir nuestras bocas. Tenemos que confesar a Cristo aquí en este mundo oscuro, y decirles a otros sobre Su amor. No tenemos que sentirnos avergonzados del Hijo de Dios.

Un hombre piensa que es un gran honor lograr algo que hace que su nombre se mencione en el Parlamento Inglés, o en la presencia de la Reina y de su corte. Cuán emocionados nos sentíamos durante la guerra cuando algún general hacía algo extraordinario y alguien se ponía de pie en el Congreso para proclamar sus hazañas. Leemos que en China la ambición más grande de un soldado exitoso es que su nombre se escriba en el palacio o en el tempo de Confucio. Solamente piensa en que el Príncipe de Gloria, el Hijo de Dios, mencione tu nombre en el reino de los cielos porque lo confesaste aquí en la tierra. Si lo confiesas aquí en la tierra, Él te confesará allá.

Si deseas que te lleven a la luz clara de la libertad,

debes tomar tu posición del lado de Cristo. He conocido a muchos cristianos que andan a tientas en la oscuridad y nunca salen a la luz clara del reino, porque se avergonzaron de confesar al Hijo de Dios. Vivimos días en donde los hombres quieren una religión sin la cruz. Quieren la corona, pero no quieren la cruz. Pero si vamos a ser discípulos de Jesucristo debemos llevar nuestras cruces, no una vez al año o en el día de reposo, sino todos los días. Y si tomamos nuestras cruces y Lo seguimos, seremos bendecidos en el mismo acto.

Recuerdo a un hombre en New York quien tenía la costumbre de venir y orar conmigo. Él tenía su cruz: tenía miedo de confesar a Cristo. Mantenía su Biblia escondida en el fondo de su gaveta, quería sacarla y leerla a su compañero de cuarto pero sentía vergüenza de hacerlo. Durante una semana entera esa fue su cruz. Después de llevar esa carga durante ese tiempo y después de una lucha terrible, tomó la decisión: voy a sacar mi Biblia hoy en la noche y la voy a leer. La sacó, pronto escuchó los pasos de su compañero de cuarto subiendo las escaleras. Su primer impulso fue esconderla, pero decidió no hacerlo. Enfrentaría a su compañero con eso. Su compañero entró, lo vio con su Biblia y dijo:

— Juan, ¿estás interesado en esas cosas?

—Sí — le contestó.

— ¿Desde cuándo? — le preguntó su compañero.

— Exactamente una semana,— le contestó. — Durante una semana he tratado de sacar mi Biblia para leértela pero no lo hice sino hasta ahora.

— Pues bien,— dijo su amigo, — Es algo raro, porque

yo me convertí la misma noche y también sentía vergüenza de sacar mi Biblia.

Te sientes avergonzado de sacar tu Biblia y decir: "he vivido una vida impía durante todos estos años, pero de ahora en adelante viviré una vida de rectitud." Te sientes avergonzado de abrir tu Biblia y leer el salmo bendito: *"El SEÑOR es mi pastor; nada me faltará"* (Salmo 23:1). Te sientes avergonzado de que te vean de rodillas. Ningún hombre puede ser discípulo de Cristo sin llevar Su cruz. Un gran número de personas quieren saber cómo es que Jesucristo tiene tan pocos discípulos mientras Mahoma tiene tantos. La razón es que Mahoma no requiere que lleven una cruz. Hay pocos cristianos que saldrán y declararán abiertamente la defensa de su fe.

Me sorprendió el hecho de que durante la guerra civil de los EE.UU. hubo muchos hombres que podían ir a la boca del cañón sin temor, pero no tenían el valor de agarrar sus Biblias para leerlas en la noche. Se sentían avergonzados del evangelio de Jesucristo, que es el poder de Dios para salvación. *"Por tanto, todo el que me confiese delante de los hombres, yo también le confesaré delante de mi Padre que está en los cielos. Pero cualquiera que me niegue delante de los hombres, yo también lo negaré delante de mi Padre que está en los cielos"* (Mateo 10:32-33).

Servicio

El próximo "lo haré" es de servicio.

Muchos cristianos se emocionan y se sienten impulsados a decir: "Deseo servir a Cristo."

Pues bien, Cristo dice: *"Seguidme, y yo os haré pescadores de hombres"* (Mateo 4:19).

Todos los cristianos podemos ayudar a traer a alguien al Salvador. Cristo dice, *"Y yo, si soy levantado de la tierra, atraeré a todos a mí mismo"* (Juan 12:32). Nuestro trabajo es levantar a Cristo.

Nuestro Señor dijo, "seguidme, y yo os haré pescadores de hombres". Ellos simplemente Le obedecieron. Luego, en el día de Pentecostés, vimos el resultado. Pedro llenó las redes ese día. Dudo que alguna vez haya atrapado tantos peces en un día como los hombres que respondieron en esa ocasión. Habría roto todas las redes que tenían a bordo si hubieran tenido que levantar tres mil peces. Hace algún tiempo leí sobre un hombre que viajó en una diligencia. Había pasajeros de primera, segunda y tercera clase; pero, cuando vio dentro de la diligencia, todos los pasajeros estaban sentados uno al otro sin distinción, y no lo entendió sino hasta que llegaron a una colina.

La diligencia paró y el conductor gritó: "Los pasajeros de primera clase permanezcan en sus asientos. Los pasajeros de segunda clase, bájense y caminen. Los pasajeros de tercera clase vayan a la parte trasera y empujen."

En la iglesia no tenemos un lugar para pasajeros de primera clase que piensan que la salvación significa un viaje fácil hasta el cielo. No tenemos un lugar para pasajeros de segunda clase, llevados la mayor parte del tiempo y que cuando deben labrar su propia salvación, caminan penosamente y nunca piensan en ayudar a sus hermanos y hermanas. Todos los miembros de la iglesia deberían ser pasajeros de tercera clase. Todos deberíamos estar listos para desmontar y empujar juntos, y, empujar con ganas. Esa fue la definición de iglesia de John Wesley, "Todos en ella y siempre en ella."

Cada cristiano debe ser un obrero. No necesita ser predicador o evangelista para ser útil. Puede ser útil en los negocios. Un empleador puede ser usado por Dios en la forma en la que trabaja con sus empleados y en su esfera de relaciones comerciales. Muy a menudo un hombre puede ser más útil en una esfera de negocios de lo que podría serlo en otra.

> En la iglesia, no tenemos un lugar para pasajeros de primera clase, que piensan que la salvación significa un viaje fácil hasta el cielo.

Existe una razón importante por la cual muchos no tienen éxito. Muchos hombres buenos me han preguntado: "¿Por qué no tenemos resultados? Trabajamos duro, oramos bastante y predicamos mucho pero aun así, el éxito no llega." Les voy a decir por qué. Es porque ellos pasan todo su tiempo zurciendo sus redes. No es de extrañar que nunca atrapen nada.

Es fundamental tener reuniones de seguimiento, y sacar la red para ver si has atrapado algo. Si siempre estas zurciendo la red, no atraparás muchos pescados. ¿Quién ha oído hablar de un hombre que sale a pescar, coloca su red, deja que se detenga allí y nunca la retrae? Todos se reirían de la estupidez del hombre.

Un día un ministro en Inglaterra vino a verme y dijo:

— Quiero que me diga por qué nosotros los ministros no somos más exitosos de lo que somos.

Le expliqué la idea de retraer la red y dije:

— Usted debería tirar de sus redes. Hay muchos ministros en Manchester que pueden predicar mucho mejor que yo, pero yo tiro de la red.

Muchas personas tienen objeciones sobre las reuniones de seguimiento, pero le hablé de su importancia. El ministro dijo: "Nunca he tirado de mi red, pero lo intentaré el próximo domingo."

Así lo hizo, y ocho personas, indagadores ansiosos, se reunieron con él en su estudio para que respondiera sus preguntas sobre la salvación. El domingo siguiente vino a verme y dijo que nunca había tenido un domingo como ese en su vida. Se encontró cara a cara con una bendición maravillosa. La próxima vez que sacó la red, cuarenta personas preguntaron sobre el evangelio. Más tarde cuando vino a verme, me dijo: "Moody, ¡El año pasado tuve ochocientas conversiones! Fue un gran error el no empezar a jalar la red mucho antes."

Si quiere pescar hombres, solo jale de la red. Si solo pesca uno, será algo. Tal vez sea un niño pequeño, pero he sabido de un niño pequeño que convirtió a una familia entera. Usted no sabe lo que está en ese niño pequeño en la reunión de seguimiento. Podría convertirse en otro Martín Lutero, un reformador que hará que el mundo se estremezca. Uno nunca sabe. Dios usa lo débil de este mundo para confundir al poderoso. La promesa de Dios es tan buena como una nota de banco. Y aquí está uno de los pagarés de Cristo: Síganme, y los haré pescadores de hombres. ¿Te aferrarás a la promesa, confiarás en ella y seguirás a Cristo ahora?

Si un hombre predica el evangelio y lo predica fielmente, debe esperar ver resultados en ese momento. Creo que es privilegio de los hijos de Dios recoger el fruto de su labor los 365 días del año.

Algunos dicen: "¿No hay un tiempo para sembrar como también para cosechar?"

Sí, es cierto, lo hay; pero puedes sembrar con una mano y cosechar con la otra. ¿Qué pensarías de un agricultor que sembró todo el año y nunca pensó en cosechar? Una vez más, queremos sembrar con una mano y cosechar con la otra. Si buscamos el fruto de nuestra labor lo veremos. *Y yo, si soy levantado de la tierra, atraeré a todos a mí mismo.* Debemos levantar en alto a Cristo, buscar hombres, y traerlos a Él.

Debes usar la carnada correcta. Muchos no lo hacen y se preguntan por qué no tienen éxito. Los ves tratar diferentes tipos de entretenimiento para atraer y atrapar hombres. Este es un paso en la dirección incorrecta. Este mundo perecedero necesita a Cristo, y a Cristo crucificado. En todo hombre hay un vacío que busca llenarse. Si nos acercamos a ellos con la carnada correcta, los atraparemos. Este mundo que muere necesita un Salvador. Si vamos a ser exitosos en atrapar hombres, debemos predicar a Cristo crucificado. Debemos predicar no solamente Su vida sino también Su muerte. Si somos fieles en hacer eso, tendremos éxito. Y ¿por qué? Por Su promesa: *Seguidme, y yo os haré pescadores de hombres.* Esa promesa es tan válida para ti y para mí como lo fue para Sus discípulos. Es tan verdadera ahora como lo fue en su tiempo.

Piensa en Pablo allá. Hay gente yendo a casa a estar con el Señor todos los días y a cada hora, hombres y mujeres que fueron llevados a Cristo por medio de sus escritos. Él puso corrientes en movimiento que han fluido por más de mil años.

Puedo imaginar a hombres subiendo allí que dicen: "Pablo, gracias por escribir la carta a los Efesios. Encontré a Cristo allí."

"Pablo, te agradezco por escribir la epístola a los Corintios."

"Pablo, encontré a Cristo en la epístola a los Filipenses." "Gracias, Pablo, por la epístola a los Gálatas. Allí encontré a Cristo."

Supongo que ellos acuden a Pablo todo el tiempo y le agradecen por lo que hizo. Cuando pusieron a Pablo en la cárcel, él no se quedó de brazos cruzados ni se sentó ocioso. No, escribió. Y sus epístolas han llegado a lo largo de los siglos. Han atraído a miles y miles al conocimiento de Cristo crucificado. Sí, Cristo le dijo a Pablo: "Te haré pescador de hombres, si Me sigues." Y, desde ese entonces ha estado pescando almas. El diablo pensó que había hecho algo muy inteligente cuando se las ingenió para enviar a Pablo a la prisión. Estuvo muy equivocado. Por una vez se excedió. No tengo duda de que Pablo le dio gracias a Dios desde entonces por esa cárcel filipense, sus azotes y su encarcelamiento allí. Sabremos del impacto que Pablo tuvo en el mundo solamente cuando lleguemos al cielo.

Consuelo

El próximo "lo haré" se encuentra en el evangelio de Juan. *"No os dejaré huérfanos; vendré a vosotros."* (Juan 14:18).

Para mí es un dulce pensamiento el saber que Cristo no nos dejó solos en este desierto oscuro aquí abajo. A pesar de que Él fue a lo alto y tomó Su lugar en el trono del Padre, no nos dejó solos. Él no abandonó a José cuando lo pusieron en la prisión, Dios estuvo con él. Cuando Daniel fue arrojado a la cueva de los leones, también pusieron al Poderoso allí con él. Ellos estaban tan unidos que no podían separarse. Así Dios bajó a la cueva de los leones con Daniel.

Si tenemos a Cristo con nosotros, podemos hacer todas las cosas. No nos enfoquemos en lo débiles que somos. Levantemos nuestra mirada hacia Él y pensemos de Él como nuestro Hermano Mayor, a quien se le otorgó todo el poder en el cielo y en la tierra. Él dice, *"...he aquí, yo estoy con vosotros todos los días, hasta el fin del mundo..."* (Mateo 28:20).

> Honremos al Espíritu Santo reconociendo que Él se encuentra en medio de nosotros.

Algunos de nuestros hijos y amigos nos dejan, y es un tiempo muy triste. Pero, gracias a Dios, el creyente y Cristo nunca serán separados. Él está con nosotros aquí, y nosotros estaremos con Él en persona por la eternidad. No solamente está Él con nosotros, sino que también nos envió al Espíritu Santo. Honremos al Espíritu Santo reconociendo que Él está en medio de nosotros. Él tiene poder para darle la vista al ciego, libertad al cautivo y para abrir los oídos al sordo para que ellos puedan escuchar las palabras gloriosas del Evangelio.

Resurrección

Luego, hay otro "lo haré" en el sexto capítulo de Juan. Aparece cuatro veces en ese capítulo. "...*yo mismo lo resucitaré en el día final*"(Juan 6:40).

Me regocijo al pensar que tengo un Salvador que tiene poder sobre la muerte. Mi Señor tiene las llaves del infierno y de la muerte. Recibí más consuelo de esa promesa que de cualquier otra cosa en la Biblia. Me dio gozo y alumbró mi camino.

Hace algún tiempo, murió un hermano muy querido. Y cuando entré al cuarto y vi el rostro amado de aquel hermano, ese pasaje corrió por mi alma. Mi hermano se levantará otra vez. Dije: "Dios gracias por esa promesa." Tuvo más valor que el mundo entero para mí.

Cuando lo pusimos en la tumba, me pareció que podía oír la voz de Jesús diciendo: "Tu hermano se levantará otra vez." Bendita promesa de la resurrección.

Gloria

"Padre, quiero que los que me has dado, estén también conmigo donde yo estoy..."
(Juan 17:24).

Este fue el contexto de Su última oración en el aposento

de los invitados, en la última noche antes de que fuera crucificado y muerto en la terrible muerte del Calvario. Muchos creyentes se llenan de gozo al pensar que verán al Rey en Su belleza en el cielo. Hay un día glorioso delante de nosotros en el futuro.

Algunos piensan que en el primer día de nuestra conversión recibimos todo. Por cierto, obtenemos salvación del pasado y paz para el presente. Pero todavía está reservada la gloria del futuro. Eso es lo que hizo que Pablo continuara regocijándose. Él consideró sus aflicciones, sus azotes, y sus apedreamientos como nada, comparado a la gloria que estaba por venir. Él considero esas cosas como nada, por ganar a Cristo. Así que cuando las cosas no funcionen para nosotros, animémonos. Recuerda que la noche pasará pronto, y llegará el amanecer. La muerte nunca llega allí, está desarraigada de esa tierra celestial. A la enfermedad, el dolor y la tristeza no se les permite la entrada para estropear ese hogar grande y glorioso en donde estaremos por siempre con el Señor. Toda la familia de Dios estará allí. ¡Es un futuro glorioso, mis amigos! Y puede estar más cerca de lo que muchos pensamos. Durante estos últimos días que tenemos aquí en la tierra, permanezcamos firmes. En la eternidad moraremos en el mundo de la luz y el Rey reinará en medio de nosotros.

Acerca del Autor

Dwight L. Moody, decidido a hacer una fortuna, llegó a Chicago y empezó a vender zapatos. Pero Cristo lo alcanzó y sus energías fueron redirigidas al ministerio de tiempo completo. ¡Y qué ministerio! Hoy, el nombre de Moody todavía adorna una iglesia, una misión, una universidad y más. Moody amaba a Dios y a los hombres, y el poder de un amor como ese impacta a generaciones.

También Por Aneko Press

Jesús Vino Para Salvar a los Pecadores, by
Charles H. Spurgeon

Jesús vino a salvar a Pecadores es una conversación de corazón a corazón con el lector. A través de sus páginas, se examina y se trata debidamente cada excusa, cada razón y cada obstáculo para no aceptar a Cristo. Si crees que eres demasiado malo, o si tal vez eres realmente malo y pecas abiertamente o a puerta cerrada, descubrirás que la vida en Cristo también es para ti. Puedes rechazar el mensaje de salvación por la fe, o puedes elegir vivir una vida de pecado después de decir que profesas la fe en Cristo, pero no puedes cambiar la verdad de Dios tal como es, ni para ti ni para los demás. Este libro te lleva al punto de decisión, te corresponde a ti y a tu familia abrazar la verdad, reclamarla como propia y ser genuinamente liberado para ahora y para la eternidad. Ven, y abraza este regalo gratuito de Dios, y vive una vida victoriosa para Él.

Available where books are sold.

Cómo Estudiar la Biblia, by Dwight L. Moody

No hay ninguna circunstancia en la vida para la que no puedas encontrar alguna palabra de consuelo en las Escrituras. Si estás en aflicción, si estás en adversidad y prueba, hay una promesa para ti. En la alegría y en la tristeza, en la salud y en la enfermedad, en la pobreza y en la riqueza, en toda condición de la vida, Dios tiene una promesa guardada en Su Palabra para ti.

Este libro clásico de Dwight L. Moody trae a la luz la necesidad de estudiar las Escrituras, presenta métodos que ayudan a estimular el entusiasmo por las Escrituras, y ofrece herramientas para ayudarte a comprender los pasajes difíciles de las Escrituras. Para vivir una vida cristiana victoriosa, debes leer y entender lo que Dios te dice. Moody es un maestro en el uso de historias para ilustrar lo que está diciendo, y a través de estas páginas, tú serás inspirado y convencido a buscar la verdad en las páginas de la Palabra de Dios.

Available where books are sold.

El Deber de los Padres, by J. C. Ryle

En *Los deberes de los padres*, J. C. Ryle presenta diecisiete responsabilidades sencillas y a la vez profundas de los padres cristianos. No hay nada nuevo en este pequeño volumen, pero lo que se presenta tiene el potencial de cambiar las generaciones futuras tanto ahora como para la eternidad. Aprenda a pastorear a sus hijos; aprenda a utilizar la clave más significativa de todas: el amor; y aprenda, ante todo, a presentar y representar a Cristo ante sus hijos. A medida que lea este libro, se encontrará desafiado y entusiasmado para comenzar una relación maravillosa, apropiada y creciente con el regalo más maravilloso que Dios puede darnos en nuestra vida: nuestros queridos hijos.

Available where books are sold.